TAI CHI

Movimientos relajantes y meditación

Advertencia:

Esta obra ha sido elaborada con el mayor cuidado según los conocimientos actuales.
A pesar de ello, es preciso tomar con precaución todas las indicaciones dadas. El editor declina
toda responsabilidad en caso de daños corporales ocasionados por el ejercicio de las prácticas
mencionadas en el presente libro. Los consejos dados en esta obra no sustituyen un seguimiento
médico convencional. Recomendamos consultar a un médico antes de proceder con cualquier
autotratamiento, especialmente en caso de problemas de salud, de ingesta regular de
medicamentos o durante el embarazo.

Créditos fotográficos:
Fotografías de la cubierta: dpa/Fráncfort del Meno
Todas las demás ilustraciones: VEMAG Verlags- und Medien Aktiengesellschaft, Colonia

© Dr. Werner Jopp Verlag, Wiesbaden
Edición especial – autorización concedida a
Neuer Pawlak Verlag de
VEMAG Verlags- und Medien Aktiengesellschaft, Colonia
www.apollo-intermedia.de

Traducción: Montserrat Ribas para Equipo de Edición S.L., Barcelona
Redacción y maquetación: Equipo de Edición S.L., Barcelona

Producción completa: Naumann & Göbel Verlagsgesellschaft mbH, Colonia
Impreso en Alemania

ISBN 3-86146-027-0

CONTENIDO

INTRODUCCIÓN

Desde la apertura de China a Occidente en los años setenta, tanto las revistas como la televisión presentan ese país no sólo a través de su política y su economía sino también a través de su cultura ancestral y de la vida cotidiana de los chinos. La industria turística ha experimentado un gran auge en China en la última década. Todos los que hayan estado allí habrán podido ver a grupos de jóvenes, y especialmente de personas de cierta edad, que se reúnen en grupos por las mañanas en los parques o las calles para practicar todos juntos unos movimientos lentos y

propio barrio, el tai chi, esa meditación en movimiento, cada vez es más conocido en Occidente.

Ciertas artes marciales orientales hace ya tiempo que han sido integradas en nuestra cultura. Es el caso del kárate o del taekwondo, provenientes respectivamente del Japón y de Corea. El yudo hace ya tiempo que se convirtió en una disciplina olímpica. El hecho de que el tai chi tenga sus raíces en la autodefensa sorprenderá a todo aquel que asista por primera vez a la demostración de estos elegantes ejercicios realizados a cámara lenta. «Boxeo de sombras chino» es un apelativo más adecuado para describir esta disciplina.

En general la persona que se interesa por el tai chi desea conocer sus virtudes terapéuticas. Los ejercicios no requieren ningún tipo de esfuerzo físico exagerado, puesto que se realizan lenta y armoniosamente. Es por ello que no existe límite de edad ni contraindicaciones médicas para los no iniciados, incluso en el caso de personas con enfermedades crónicas como el cáncer o la arteriosclerosis. Más bien al contrario: el tai chi es muchas veces recomendado como gimnasia terapéutica

Foto nº 1. Tanto en Pekín...

encadenados que resultan inusuales para el ojo occidental. Gracias a los medios de comunicación, a las impresiones personales o a los cursos ofrecidos en nuestro

curativa; para las personas ancianas es un medio preventivo estupendo, siempre y cuando lo practiquen con regularidad. Hace ya varios miles de años que los chinos

concibieron unos ejercicios que tenían como objetivo mantener la buena salud y garantizar una vida longeva. De esta traición surgió el tai chi.

Por supuesto eso no significa que el tai chi no convenga a los jóvenes. Actualmente la competición por rendir más y destacar empieza muy temprano: se manifiesta ya en el parvulario y va aumentando considerablemente en el ámbito profesional. Para combatir el estrés la gente cada vez más recurre al deporte, lo que por supuesto es una evolución positiva. Pero también en ese campo el rendimiento se antepone al placer, la competitividad por delante del sentido de solidaridad. La medicina deportiva trabaja actualmente con las consecuencias del estrés y los malos tratos que infligimos a nuestro cuerpo.

Incluso aquel que se considere sano y cuyo rendimiento sea bueno puede sentir un cierto malestar. Eso puede ser debido a una mala alimentación, a problemas de tipo afectivo o incluso a una sensación de insatisfacción consigo mismo y con la vida en general. En los hospitales mejor equipados técnicamente saben que muchas enfermedades son psicosomáticas y que no es suficiente pasar por quirófano para hacerlas desaparecer.

El estado del cuerpo, del alma y del espíritu del individuo es siempre el reflejo de la situación política y social en la que nos movemos. Nuestra civilización occidental posee considerables riquezas materiales y realiza enormes proezas técnicas, pero todo eso tiene un precio. La destrucción creciente de la naturaleza por parte de industrias poco escrupulosas, la producción de armas que sigue en alza a pesar de las negociaciones para el desarme, las injusticias sociales en el mundo entero y las

catástrofes como el hambre son tan sólo unos ejemplos que nos muestran todos los días que el mundo no funciona tal como desearíamos.

Foto nº 2. ...como en Shanghai, el tai chi es un deporte popular que cuenta con muchos seguidores.

Estos problemas nos impiden apreciar del todo los bienes materiales de los que disponen los países de Europa occidental. Cada vez más personas, jóvenes y no tan jóvenes, se preguntan qué sentido deben darle a su vida e intentan, en la medida de lo posible, realizar cambios positivos en su manera de vivir. Tienen que rendirse a la evidencia de que la felicidad no consiste en tener dinero, comer bien, tener una casa o poder viajar. Muchas veces es un accidente o una enfermedad lo que provoca una nueva orientación personal.

Aquel que busca fortalecer el equilibrio entre el cuerpo, el alma y el espíritu, aquel que aspira a tener una relación sana con el prójimo provocará, gracias a sus propios cambios, que las personas de su entorno reflexionen.

Gracias al tai chi podemos aprender a encontrar la paz interior y la armonía. Sus efectos beneficiosos permanecen una vez terminados los ejercicios.

Aquel que preste atención a su propio cuerpo se volverá más atento a toda forma de vida, ya sea humana, animal o vegetal. Aquel que experimente la serenidad y la paz en lo más profundo de su ser, respetará más la naturaleza.

Quizá es posible volver a aprender de Oriente los valores que han desaparecido en Occidente.

La antigua filosofía china está basada en el principio del yin y del yang; funcionan como dos polos opuestos al tiempo que forman una unidad y se encuentran en el origen de todo movimiento. El yin representa el principio pasivo, por ejemplo lo suave, lo oscuro, lo femenino, mientras que el yang representa el principio activo, como lo duro, lo claro y lo masculino (*véase* pág. 9).

Para resumir: los problemas de las sociedades occidentales pueden sin duda explicarse por un predominio del yang sobre el yin.

En efecto, mucho más que las acciones pacifistas son los actos de violencia los que llegan a los titulares de la prensa, los hombres tienen un poder de decisión más grande que las mujeres y el éxito cuenta más que una vida modesta y tranquila.

Para modificar este estado de cosas hay que restablecer el equilibrio entre el yin y el yang, que abarque tanto lo grande como lo pequeño, es decir, tanto a escala social como individual. A menudo tenemos necesidad de experimentar la paz interior (yin) para poder actuar correctamente y con seguridad (yang). Es por eso que es importante encontrar el término medio.

Volvemos al tai chi: ¿cómo puede ayudarnos en esa tarea?

Foto n.º 3. La práctica regular del tai chi armoniza todo el organismo.

ORIGEN
Y EVOLUCIÓN
DEL TAI CHI

No podemos llegar a comprender bien los principios fundamentales del tai chi si no nos remontamos a sus raíces, a varios milenios atrás de la historia cultural china. Con el transcurso del tiempo, podemos distinguir tres corrientes que han evolucionado hasta nuestros días:

1. La filosofía taoísta y las técnicas de meditación y de respiración que le son propias.

2. Los conceptos de la salud en la época de la antigua China, que conceden mucha más importancia a la prevención de las enfermedades.

3. Las diferentes escuelas de artes marciales mantenidas en secreto.

Vamos a tratar con detalle estos tres puntos en los capítulos siguientes y después nos preguntaremos por el significado del tai chi en nuestro mundo occidental.

EL TAI CHI Y LA
FILOSOFÍA TAOÍSTA

Hay varias maneras de traducir el término «tai chi». Para empezar significa «gran pilar que sostiene el techo de la casa»

que, en un sentido figurado, establece el vínculo entre el cielo y la Tierra. Los anti-

guos chinos creían que la Tierra era una superficie cuadrada sobre la cual estaba posado el cielo como una cúpula sostenida por un pilar central. Es así como el ser humano debe mantenerse entre estos dos polos: con las raíces en la tierra pero la mirada hacia el cielo.

En el sentido más filosófico del término, tai chi significa «ley suprema»; esta traducción puede aplicarse también al término «Tao», que designa el origen de la creación universal. Se suele traducir por términos como «sentido», «palabra», «camino», «verdad», «Dios», pero cada uno de ellos revela úni-

Foto n.º 4. Numerosos templos taoístas están situados en lugares que simbolizan la armonía con la naturaleza.

En el Tao Té King *(«Libro del camino y de la virtud»)* se pueden encontrar muchas enseñanzas taoístas, como la reflexión interior, la armonía con la naturaleza y la no violencia.

Tai

Chi

camente un aspecto de su significado. La representación de un Dios activo y creador es algo ajeno para los chinos; el Tao va más allá de la representación de Dios que es generalmente común a todas las religiones del mundo. Engloba a la vez todo lo existente y todo lo inexistente.

No es extraño encontrar la expresión más larga «tai chi chuan» en lugar de «tai chi». La sílaba «chuan» significa «puño» y nos recuerda que al principio el tai chi era un arte marcial. Dado que actualmente se da más importancia al aspecto meditativo de esta disciplina, se prescinde de esta última sílaba. El taoísmo no es una religión en el sentido literal del término, sino más bien una filosofía de vida como el confucianismo, que surgió en la misma época. Lao-Tsé está considerado el fundador del taoísmo. Vivió en la misma época que Confucio y el Buda, unos 500 años antes de Jesucristo.

Mientras que Confucio elaboró un sistema jerárquico y moral estricto para la sociedad, Lao-Tsé redactó en 81 versos el *Tao Té King*, con el fin de transmitir los conocimientos

sobre la reflexión interior, la armonía con la naturaleza y la no violencia. Surgieron muchas leyendas alrededor de la figura de Lao-Tsé, aunque su existencia no es del todo segura, ni tampoco que fuera él el autor de estos versos. *Tao Té King* se suele traducir como «Libro del camino y de la virtud». Numerosos versos expresan de forma notable los principios fundamentales del tai chi, en especial el n° 78:

*Nada en el mundo
es más ligero y débil que el agua,
pero para experimentar lo duro y lo fuerte,
no hay nada que la supere.
Nada sabría sustituirla.
La debilidad tiene la razón de la fuerza,
la ligereza tiene la razón de la dureza.
Todo el mundo lo sabe
pero nadie puede ponerlo en práctica.*

La filosofía taoísta está descrita en un libro mucho más antiguo que trata sobre la filosofía china: el *I Ching* o «Libro de las mutaciones». En él se presenta, de forma lógica, el principio de polaridad basado en las fuerzas opuestas y complementarias que se encuentran en el origen de todo movimiento.

Nos abstendremos de dar más detalles, simplemente añadiremos que el principio del yin y del yang, así como los cinco elementos chinos, se derivan de él (*véase* pág. 48). Por ejemplo, en la ilustración llamada «Tai: la paz» (un tai diferente al del tai chi) vemos que la palabra resulta de la combinación de cielo y tierra, del yang absoluto y del yin absoluto. En el origen, el yin y el yang eran términos geográficos y astronómicos que designaban principalmente la cara soleada (yang) y la cara oscura (yin) de

陰

Yin

陽

Yang

la Tierra, así como también el verano y el invierno, el calor y el frío, la claridad del día y la oscuridad de la noche. Este sistema permite clasificarlo casi todo en una relación yin-yang, tal como muestra el siguiente cuadro:

Foto nº 5. El símbolo del tai chi.

Yang	Yin
cielo, Sol	Tierra, Luna
verano, calor	invierno, frío
día, claridad	noche, oscuridad
fuego, sequedad	agua, humedad
fuerza, potencia	debilidad
actividad, dinamismo	pasividad, inmovilidad
juventud, crecimiento	vejez, muerte
masculino	femenino
puntiagudo, duro	redondeado, dulce
alto, lleno	bajo, vacío
delante, fuera	detrás, dentro
pecho, vientre	espalda
simpático	parasimpático
talante jovial	talante depresivo
positivo, blanco	negativo, negro

El yin y el yang representan el símbolo del tai chi. No hay principio ni fin, sino una sucesión permanente de principios y finales. No existen ni el bien ni el mal absolutos. La armonía procede del equilibrio y del cambio fluido entre estas polaridades, a la vez opuestas y complementarias.

Según este esquema, las partes del cuerpo, las diferentes formas de moverse, los alimentos, etc., se dividen en yin y en yang. Por ejemplo los cereales simbolizan más bien el yang (son puntiagudos, crecen hacia el cielo) mientras que las patatas simbolizan más bien el yin (redondas, crecen dentro de la tierra).

Sólo las fuerzas complementarias de yin y yang favorecen el movimiento, igual que el día y la noche forman un todo mientras se van sucediendo. El símbolo del tai chi es su representación. En el origen se representaba con dos peces nadando en círculo. En el lugar donde hay más negro se encuentra un puntito blanco, y en la parte blanca hay un puntito negro. Esto significa que la parte predominantemente yang engendra el yin y viceversa. De esta manera nunca se produce un estancamiento. No hay principio ni final, sino una sucesión permanente de principios y finales. No existe ni el bien ni el mal absolutos. En uno está contenido el germen del otro, como las dos caras de una moneda. La armonía proviene del equilibrio y del cambio fluido entre estas polaridades contrarias y complementarias; esto es lo que intentaremos definir mejor a partir de los movimientos del tai chi. Tras el cambio permanente se esconden los principios del Tao o del tai chi como ley suprema.

A partir de estos principios filosóficos se fueron elaborando, hace más de 2.500 años, unos sistemas de ejercicios extremadamente variados, como el qi kung (*véase* pág. 37), con la finalidad de favorecer la armonía entre el cuerpo, el alma y el espíritu, y de alcanzar la longevidad.

Estos ejercicios estaban basados en el arte de respirar correctamente, de meditar y del movimiento perfecto, gracias a la energía interior qi. Para conseguir la serenidad y el vacío interior (yin), los monjes utilizaban conscientemente la respiración y el movimiento. Es así como conseguían, tanto en el ámbito de la salud como en el de las artes marciales, unos resultados sorprendentes.

EL TAI CHI Y EL CONCEPTO DE SALUD EN LA ANTIGUA CHINA

También hoy en día se puede reconocer a un buen médico chino por el hecho de que la mayoría de sus pacientes están sanos. Dicho de otra manera: el concepto de salud en China no se basa tanto en tratar las enfermedades como en evitarlas (medicina preventiva). Según este método, las personas aumentan sus posibilidades de seguir estando sanas largo tiempo practicando con regularidad unos ejercicios físicos y alimentándose de forma equilibrada.

Además, en medicina tradicional china se considera que el ser humano forma una unidad compuesta por cuerpo, alma y espíritu, igual que en cualquier otra medicina no agresiva. Según la filosofía del yin-yang, los conceptos como «interior» y «exterior» son complementarios; igual que «alto» y «bajo», «delante» y «detrás». Cada parte del cuerpo está relacionada con todas las demás. La célebre máxima «mente sana en cuerpo sano», surgida de la cultura romana, se acerca muchísimo al concepto chino.

La acupuntura se desarrolló en China hace varios miles de años. Entonces se descubrió que el cuerpo humano disponía de una red de canales energéticos, llamados

meridianos, que unen a cientos de puntos de acupuntura. Todos estos puntos corresponden a ciertas partes internas o externas del cuerpo. Tenemos 12 meridianos principales, cada uno correspondiente a un órgano (el corazón, los pulmones, el hígado, el estómago, etc.) o a una función (la circulación, el metabolismo, la tensión...). Además hay dos canales energéticos centrales (*véanse* págs. 45 y 46) y numerosos meridianos específicos más.

El tratamiento de las enfermedades por medio de la acupuntura está cada vez más extendido en Occidente, lo mismo que la acupresión, que consiste en una técnica de masaje basada en el mismo sistema y que los japoneses llaman «shiatsu».

El concepto de energías corporales está relativamente poco introducido en Occidente a pesar de los numerosos éxitos obtenidos, por la simple razón de que la red de meridianos, a diferencia de los vasos sanguíneos y de los nervios, no constituye una realidad tangible. A pesar de todo sería realmente absurdo dudar de su existencia, puesto que es posible medir las corrientes eléctricas.

La energía corporal, o incluso la energía vital, que es de lo que tratamos aquí, se expresa con el término chino «qi» (pronunciado chi), que se traduce no sólo como «energía» sino también por «aire», lo que indica su relación directa con la respiración. De todos modos el qi no existe sólo en el ser humano, sino que está presente en toda la naturaleza.

Es por medio de la respiración que se realiza el intercambio de energía más importante entre el ser humano y su entorno. Es posible renunciar a los alimentos durante unas semanas, a los líquidos durante unos días, pero es imposible renunciar al aire

más de unos minutos. En otras culturas también encontramos términos relacionados con el aire, la respiración y la energía interior; es el caso del «prana» indio, del «ki» japonés, del «pneuma» griego o del «odem» germánico.

Esta energía qi que circula a lo largo de los meridianos aporta energía vital a todos los órganos del cuerpo. Cuando se bloquea surgen enfermedades, provocadas por un exceso (lleno) o un déficit (vacío) energé-

tico de qi en ciertas partes del organismo. También aquí encontramos el concepto del yin-yang.

El qi es expulsado con la exhalación y renovado con la inspiración. No se trata del aire que respiramos, sino de toda la energía que se pone en movimiento en el interior del cuerpo. Este intercambio efectuado a nivel pulmonar abastece a las células de energía vital.

Es así como en China, hace varios miles de años, ciertos ejercicios físicos fueron puestos a punto, asociando movimiento y respi-

Foto nº 6. El tai chi forma parte de la cotidianeidad para la mayoría de los chinos.

ORIGEN Y EVOLUCIÓN DEL TAI CHI

ración con el fin de que la energía qi circule libremente y que el yin y el yang se armonicen.

Una de las tradiciones más antiguas se remonta a Huang Ti, el legendario «Emperador amarillo» que habría gobernado China durante todo un siglo, del 2700 al 2600 a.C. Se le atribuye la introducción de un sistema de ejercicios llamado «Tao yin», para vencer las enfermedades y garantizar la longevidad. «Tao yin» significa «ejercicios de orientación y de estiramiento». Además se cree que Huang Ti es el autor del libro más antiguo sobre medicina. En esa obra le pregunta a Chi Po, el médico de su ejército: «He oído decir que en otros tiempos las personas de más de 100 años todavía estaban repletas de vitalidad y de fuerza. Hoy muchos ya son débiles con 50. ¿Se debe esto a las condiciones de vida, o bien es que los hombres han cambiado?»

A eso Chi Po respondió que los predecesores del Tao eran expertos en materia de salud. Aplicaban siempre el principio del yin y del yang, comían y bebían con mesura, el tiempo que dedicaban al trabajo y al descanso estaba equilibrado, nunca sufrían tensiones ni se agotaban porque en su caso el cuerpo, el alma y el espíritu se encontraban siempre en armonía; he ahí las razones por las cuales podían alcanzar una edad avanzada. Chi Po siguió afirmando que la sabiduría de los antiguos había desaparecido y que la gente no vivía más tiempo porque su modo de vida se había degradado.

¿Acaso no reflejan estas frases exactamente lo que está ocurriendo hoy en día?

En el siglo II d.C. el célebre médico Hua Tuo elaboró un sistema de ejercicios que agrupaban ciertos movimientos que había observado en los animales.

Lo llamó «el juego de los cinco animales» (el tigre, el ciervo, el oso, el mono y el pájaro). Estos ejercicios se recomendaban para dar mayor elasticidad a las articulaciones y vencer las tensiones físicas. Al parecer los ejercicios de gimnasia terapéutica surgieron de los conocimientos recogidos a partir de la observación de los desplazamientos naturales de los animales. El nombre de ciertas figuras del tai chi se remonta a esta época, por ejemplo «la grulla despliega las alas». Se dice que Hua Tuo afirmó: «El cuerpo humano tiene necesidad de ejercicio y de movimiento. Estos deben efectuarse sin sobrepasar los límites del cuerpo. Cuando éste se encuentra en movimiento, digiere más fácilmente los alimentos que ingiere, lo que impide que las enfermedades se desarrollen, como si fueran el gozne de una puerta que no cede jamás». Más adelante todos estos ejercicios de gimnasia terapéutica fueron recopilados bajo el nombre de *qi kung*, que significa «ejercicios basados en el aire y la energía interior» (*véase* pág. 37). Además de la acupuntura y de los ejercicios basados en el movimiento, se han descubierto escritos que datan de la China antigua dedicados a las plantas medicinales, al diagnóstico por los pulsos, a la alimentación sana y a las prácticas sexuales. No entraremos en más detalles. Todas estas disciplinas tienen como denominador

Foto nº 7. El tai chi se remonta a la medicina tradicional, pero contiene también elementos de la cultura china.

12

común la unidad entre el hombre y la naturaleza (cosmos, Tao) y la armonía entre el yin y el yang.

Todas estas técnicas relativas a una buena higiene de vida eran practicadas por los taoístas, que aspiraban a la perfección del cuerpo y del espíritu con el fin de ser inmortales.

Existen leyendas que cuentan que ciertos maestros llegaron a vivir más de 200 años. Aun cuando no sea éste nuestro objetivo, podemos como mínimo deducir de ello que el ejercicio físico y mental regular contribuye en gran medida a que el proceso de envejecimiento se desarrolle de una forma más lenta. Según la concepción china no hay que esperar a llegar a anciano, más bien al contrario, hay que empezar cuanto antes para adoptar rápidamente un estilo de vida sano y positivo.

Para que la salud y la alegría de vivir sean accesibles y duraderas hay que hacer grandes esfuerzos personales. Esa es la quintaesencia de todos los sabios conocimientos de la medicina ancestral china. Así el paciente debe estar activo y no pasivo con respecto a su enfermedad. De hecho, sólo él puede influir sobre su curación.

EL TAI CHI Y LAS ESCUELAS DE ARTES MARCIALES

Los maestros taoístas aspiraban no solamente a la «inmortalidad» del cuerpo, sino también a su «inviolabilidad». Es por ello que las aptitudes consideradas casi sobrehumanas fueron desarrolladas en las escuelas secretas de artes marciales. Se dice que Lao-Tsé afirmó: «He oído decir que

aquel que sabe conservar su vitalidad no teme ni a los rinocerontes ni a los tigres que encuentra en su camino, ni lleva coraza ni arma. El rinoceronte no sabría encontrar el punto para atravesarle con su cuerno. El tigre no podría herirlo con sus garras, el guerrero no sabría perforarle con su lanza. ¿Por qué? Porque la muerte no sabría alcanzarle».

Las artes marciales son conocidas desde hace más de 3.000 años en China. Se practicaban sobre todo en los monasterios budistas y taoístas, donde la autodefensa y los ejercicios de meditación estaban estrechamente vinculados. El monasterio de Shaolín, en la provincia de Heinan, era especialmente famoso por sus enseñanzas de diferentes formas de combate, con las manos desnudas o con armas. Este monasterio, fundado en el año 500 d.C. está considerado en China la cuna del budismo zen. Hoy en día se considera que el tipo de combate shaolín con las manos desnudas es el medio de compensar físicamente las largas horas de meditación en posición sentada. Las escenas de lucha de las películas de kung fu del sudeste asiático, así como las representaciones artísticas de la Ópera de Pequín, tienen allí sus raíces.

El taoísta Chang San Feng creó en el siglo XIII d.C. una «escuela interna» cuyas técnicas de combate eran opuestas a las de las «escuelas externas». Según la leyenda, mientras vivía en una ermita de las montañas observó la lucha entre una serpiente y una grulla y se inspiró en ella. La serpiente, gracias a su agilidad, se reveló como superior a los violentos ataques de la grulla. Fue así como Chang San Feng habría redactado una obra que presenta 13 posturas fundamentales y varias series de movimientos encadenados. Por esta razón se le conside-

Los principios fundamentales del tai chi chuan están contenidos en las máximas siguientes:

«Sustituir lo fuerte y lo duro por lo débil y lo suave».

«Convertir una masa que pesa una tonelada en algo tan ligero como si pesara una onza».

«Adaptarse a los ataques del adversario para vencerle con sus propias armas».

«Ejecutar cada paso con la agilidad del gato».

El tai chi está basado principalmente en la suavidad, la ligereza y la utilización de la energía qi. En otros tiempos los ejercicios de tai chi eran enseñados y transmitidos en el mayor de los secretos a unos alumnos escogidos con cuidado en el seno de la familia. Yang Lu Chan fue el primer maestro que lo enseñó públicamente en Pequín.

ra el padre fundador del tai chi. Contrariamente a la escuela Shaolín, el tai chi no está basado en la dureza, la velocidad y la fuerza muscular, sino en la ligereza, la agilidad y en la utilización de la energía qi.

En el tai chi los miembros no están nunca estirados del todo. Todos los movimientos son circulares y no sobrepasan jamás el contorno de una burbuja imaginaria cuya circunferencia viene determinada por la estatura del cuerpo. Así la estabilidad y la flexibilidad están garantizadas en el más alto grado y los ataques del adversario pueden ser fácilmente desviados para que acaben en nada. Es así como los maestros de las escuelas internas suelen ser superiores a los adeptos de las técnicas más violentas.

Una tradición más precisa de técnicas de tai chi nos ha llegado gracias a Chen Wang Ting (1597-1664), considerado como el fundador del estilo Chen. Este estilo es el fundamento de todas las demás variedades de tai chi que surgieron a continuación.

En esa época los movimientos del tai chi eran enseñados y transmitidos en el mayor de los secretos a alumnos escogidos cuidadosamente en el seno de la familia Chen. Chen Wang Ting era en la época un alto oficial del ejército imperial de la provincia de Heinan. Se dice que opuso una fuerte resistencia a la dinastía manchú Qing, que se había hecho con el poder.

Tuvieron que pasar 200 años antes de que Yang Lu Chan (1799-1872) consiguiera penetrar en el secreto de la familia Chen, haciéndose pasar por un sirviente sordomudo de la casa que tenían en la provincia de Heinan. Durante años espió los ejercicios, que repetía a escondidas todas las noches en su habitación. Cuando fue descubierto sus aptitudes eran tan perfectas que fue admitido como alumno por el maestro Chen

Chang Xing (1771-1853). Después Yang Lu Chan se ganó el sobrenombre de «invencible» porque durante toda su vida ningún maestro consiguió vencerle. Le debemos el estilo Yang, que es el estilo de tai chi más extendido en la actualidad. Yang Lu Chan fue además el primer maestro que enseñó el tai chi públicamente en Pequín. Se basaba en la tradición ancestral para transmitir a sus alumnos unas formas ininterrumpidas de movimientos lentos y fluidos, renunciando a los movimientos rápidos del estilo Chen.

El estilo Yang, tal como lo conocemos hoy en día, fue elaborado por su nieto Yang Cheng Fu (1883-1936) antes de diseminarlo por toda la China. Estas formas de movimientos bien definidos han pasado después por muchos cambios relativos a la duración y al orden de las figuras, según los maestros que las enseñaban.

A partir del estilo Yang surgieron muchas orientaciones diferentes. Es el caso del estilo Wu, el más conocido después del yang, o del estilo Sun, que comporta elementos rápidos. Existe un segundo estilo Wu también llamado estilo Hao.

En total contamos con 20 estilos de tai chi, entre los cuales se encuentra el occidental llamado lee y numerosas variaciones, surgidas de los cinco estilos arriba mencionados y elaborados por los maestros de Oriente y de Occidente.

A pesar de sus diferencias, todos estos estilos tienen como denominador común la suavidad y la armonía de movimientos, la búsqueda del equilibrio y de la estabilidad. La tradición china acepta no sólo la existencia de varias escuelas, sino también el hecho de que se enriquecen mutuamente mientras rivalizan unas con otras. Ninguna de ellas tiene la pretensión de poseer la en-

señanza por excelencia ni de transmitir el estilo auténtico. Esta forma de pensar sería más bien occidental.

En el origen se llamaba al tai chi «boxeo largo» porque recuerda el caudal de un largo río cuya energía no se agota jamás del todo. La expresión «boxeo de sombras» sigue perdurando en la actualidad. La apelación «tai chi chuan» para designar a este tipo de deporte de combate se remonta a un maestro del siglo XVI que se inspiró en la representación del yin-yang de la filosofía taoísta.

El hecho de prescindir actualmente de la sílaba «chuan» es signo de que la noción de autodefensa ha perdido su importancia. No obstante, el nombre de ciertas figuras como «el puñetazo», el «golpe de talón», etc., nos retrotrae a sus orígenes históricos como arte marcial. Términos como «espada», «sable» y «bastón» se siguen utilizando hoy en día. Estas armas, consideradas como la prolongación del brazo mediante formas armoniosas, tienen por objetivo aumentar su carácter estético.

EL TAI CHI COMO «DEPORTE POPULAR»

El tai chi es omnipresente en China. La mayor parte del tiempo la práctica tiene lugar por la mañana, en los parques, plazas o frente a los templos. Es suficiente con ir allí y participar en las secuencias de movimientos para llegar a dominarlas. La relación institucionalizada «maestro-alumno» no existe.

El tai chi se ha convertido en cierto modo en una cultura de masas que asocia ejercicios terapéuticos, meditación a través de la respiración y elementos de combate. Por supuesto también se encuentran maestros individuales, defensores de la escuela superior de tai chi que, al cabo de numerosos años de entrenamiento, consiguen ejecutar las figuras a la perfección y desarrollan una fuerza interior ejemplar.

Foto nº 8. Una secuencia de tai chi, accesible a cualquier persona en relativamente poco tiempo y que ha sido elaborada a partir de 24 figuras procedentes de escuelas muy diversas.

ORIGEN Y EVOLUCIÓN DEL TAI CHI

Tras la fundación de la República Popular China en el año 1949, la difusión del tai chi recibió un gran apoyo por parte del gobierno.

En los años cincuenta las formas pequinesas que comprendían 24 figuras fueron reducidas a una secuencia estándar accesible a cualquier persona en un período de tiempo relativamente corto. En esta misma época, también aparecieron numerosas publicaciones sobre tai chi con la intenció de que los chinos mejoraran su calidad de vida. Durante la fase de la Revolución Cultural fue provisionalmente prohibido. Sólo se practicaba en círculos cerrados. A partir de los años setenta conoció otra fase de apertura. En 1984 incluso tuvo lugar un congreso internacional de tai chi en la ciudad de Wuhan.

ble, primero en Estados Unidos y después en Europa. Fue importado por profesores chinos o por occidentales que habían aprendido en China.

Sus principios fundamentales basados en la ligereza, la suavidad y la lentitud de movimientos van totalmente en contra de lo que nos enseña nuestra sociedad, donde reina la competencia, el estrés y el consumo. Uno de mis profesores de tai chi decía que los occidentales podían sacar un enorme beneficio de su práctica.

Sin duda sería preferible no escoger más a nuestros ídolos entre las estrellas del fútbol o del tenis, los campeones de boxeo o de carreras automovilísticas, que están sometidos a programas de entrenamiento intensivos, al doping y a la ley de los patrocinios. Efectivamente, sería más útil admirar a

Foto nº 9. Desde la década de 1980, el tai chi es cada vez más apreciado en Occidente.

En Occidente el tai chi ha experimentado en los últimos 20 años un auge considerable, a hombres o mujeres que hayan sabido encontrar un equilibrio entre

gente «normal», a hombres o mujeres que hayan sabido encontrar un equilibrio entre

la calma y la fuerza, la estética y la energía. Estos últimos realizan esfuerzos físicos que respetan la naturaleza de su cuerpo en lugar de imponerle desafíos cada vez mayores.

Mientras que los hombres se sienten más bien atraídos por las pruebas de fuerza y los deportes de competición, las mujeres son quienes predominan en disciplinas como la danza o la gimnasia. No obstante nuestra sociedad tolera mucho más fácilmente a las deportistas de alto nivel que desarrollan cualidades consideradas típicamente masculinas, que a los hombres que practican tai chi o yoga. De todos modos, cada vez hay más hombres que asisten a cursos de tai chi y la proporción hombre-mujer se va equilibrando.

Gracias al tai chi nos es posible encontrar un equilibrio entre nuestra virilidad y nuestra feminidad, es decir, entre el yang y el yin.

Mediante el tai chi, los hombres tienen la posibilidad de desarrollar la agilidad, la suavidad y la elegancia, mientras que las mujeres pueden concentrar sus esfuerzos en la firmeza, el equilibrio y la fuerza energética. Todos ellos descubren nuevas facetas de su personalidad y desarrollan una relación sana con respecto a su cuerpo, libre de violencia y marcada por el amor.

Moverse a cámara lenta es todo un reto para nuestra época, donde todo va tan rápido. El objetivo no consiste en lograr resultados, ni en medirse con los demás, sino en encontrar el camino del bienestar mediante un entrenamiento cotidiano.

La práctica del tai chi permite mejorar poco a poco el estado de salud general y hace sentir que la energía se expande cada vez más por el interior de uno mismo. Por último, otro de los grandes beneficios del tai chi es el aporte de serenidad que implica, y que tan positivo puede resultar en cualquier momento del día.

En la vida cotidiana no estamos tan sujetos a las agresiones físicas como a los ataques ocultos entre palabras o gestos hirientes que nos provocan rabia, contrariedad y miedo, y que a menudo resultan muy difíciles de evitar. Para librarse de estas energías negativas, desde hace siglos el tai chi propone los ejercicios de autodefensa. Constituyen una ayuda valiosa porque nos obligan a centrarnos en nosotros mismos, nos hacen sentir más ligeros y más despiertos y por consiguiente nada puede desestabilizarnos.

Los efectos del tai chi tienen una importancia considerable en nuestra sociedad actual. Podría llegar a convertirse en algo más que un nuevo «deporte popular».

En el tai chi, algunos temas como el rendimiento, la competencia y el consumo pasan a un segundo plano. No se trata de realizar ninguna hazaña ni de compararse con otros. El objetivo en este caso es «trabajar» todos los días la relajación y realizar unos movimientos lentos.

¡Lo esencial no es el objetivo, sino el camino que emprendemos para llegar a él!

LOS EFECTOS TERAPÉUTICOS DEL TAI CHI

El tai chi favorece la percepción consciente del cuerpo y ayuda a descubrir y a corregir las malas posturas corporales. Progresivamente, con el tai chi se aprende a estar erguido, a caminar y a respirar mejor y de forma más natural.

La práctica regular del tai chi permite mejorar el estado de salud de todo nuestro organismo. Así, conseguimos eliminar de forma progresiva nuestros malos hábitos, como doblar la columna vertebral, acumular tensiones y desarrollar síntomas patológicos. No hay que esperar resultados espectaculares en sólo unas semanas, sin embargo, los efectos a largo plazo son innegables.

Para corregir las malas posturas corporales también podemos concentrarnos en los bloqueos psíquicos. La energía acumulada podrá volver a circular, acabaremos por percibir el bienestar y nos sentiremos como nuevos. Además no existe límite de edad. En China hay muchos octogenarios que practican tai chi.

El hecho de concentrarse en el cuerpo permite comprender mejor por qué caminamos mal. Tomamos conciencia de nuestros malos hábitos, que están anclados en situaciones de la vida cotidiana: sentados en la oficina, frente al televisor o conduciendo el coche, de pie en el banco, detrás de un mostrador o frente a un fregadero. Observándonos podremos corregir las deficiencias y aprender poco a poco a caminar correctamente y a respirar de forma más sana y natural.

Por ejemplo, yo he comprobado que las tensiones localizadas en mi hombro derecho eran el origen de mis dolores de cabeza. Estas tensiones estaban relacionadas con unos malos hábitos que había adoptado desde la infancia. Un día observé la forma en que unos amigos sostenían una cuchara en la boca y cómo se cepillaban los dientes. Esta observación me ayudó a volver a aprender cómo hacer ese movimiento sin crispación.

EL SISTEMA MOTOR

El tai chi permite ejercitar perfectamente los músculos, los tendones y las articulaciones. En el footing, por ejemplo, sólo se avanza hacia delante. Las rodillas tienen que aguantar el peso corporal en cada rebote. En cambio en el tai chi también nos desplazamos hacia atrás y hacia los lados, ejecutamos rotaciones o bien nos apoyamos únicamente sobre una pierna. De esta manera las articulaciones de los tobillos, de las rodillas y de la pelvis reciben un suave masaje y la musculatura del pie se fortalece. Entonces, cuando caminamos normalmente, el contacto con el suelo es más firme que antes.

Por lo que se refiere a los brazos, los movimientos circulares que éstos realizan en la práctica del tai chi hacen que las articulaciones de los hombros, de los codos, de

las manos y de los dedos se vuelven más elásticas. El resultado son unos movimientos más armónicos. Además, el recurso de la fuerza para fortalecerlos se vuelve innecesario.

El tai chi tiene efectos particularmente beneficiosos sobre la columna vertebral. El hecho de flexionar las rodillas y de inclinar ligeramente la pelvis hacia delante ejercita la zona lumbar estirándola (*véase* dibujo nº 12). Una parte del peso que esta sensible zona del cuerpo sostiene habitualmente pasa a los muslos, donde podemos sentir agujetas los primeros días de práctica. Para estirar la columna vertebral imaginamos que hay dos fuerzas actuando sobre ambos extremos, una que tira hacia arriba (hacia el cielo) y otra hacia abajo (hacia la tierra). En caso de tensiones discales o de problemas de espalda (escoliosis, lordosis, cifosis), el efecto de alivio es notable.

Es muy frecuente que las personas que trabajan sentadas durante gran parte del día acaben con la espalda y los hombros hundidos. Esto provoca el encogimiento de la caja torácica, la inclinación de la cabeza hacia delante y, por tanto, dolor en la nuca.

Gracias al tai chi toda la musculatura de la espalda se fortalece. Por supuesto

no se trata de hacer ejercicios militares al estilo: «¡Sacad el vientre, volved a meterlo!». Los órganos del vientre se relajan en el abdomen, tal y como sucede con los pulmones cuando relajamos el pecho. Además, el hecho de mantener la cabeza bien erguida y de mirar hacia delante permite que la energía corporal circule libremente, sin obstáculos.

Foto nº 10. Las personas ancianas pueden practicar el tai chi sin problema.

El tai chi ejercita suavemente los músculos, los tendones y las articulaciones. La postura corporal, erguida y distendida, favorece la respiración profunda, lo que tiene efectos relajantes sobre el sistema nervioso. De este modo el tai chi tiene un efecto beneficioso sobre todo el organismo.

LA RESPIRACIÓN Y EL METABOLISMO

Respirar correctamente es de máxima importancia para todos los ejercicios chinos que tienen como finalidad mantener una buena salud. En el capítulo anterior comentamos su relación con la energía qi. En el tai chi hay que aprender a respirar lenta y profundamente, de forma suave y regular. La mayoría de las personas respiran de forma superficial.

Esta tendencia crece cuando la postura corporal es incorrecta. Cuanto menos erguidos, más se bloquea la respiración en la parte superior del tórax.

A través de los ejercicios del tai chi la musculatura del vientre se relaja, de manera que es posible respirar de forma profunda desde el abdomen. La respiración se efectúa principalmente gracias al diafragma, que al subir y bajar ejerce una presión permanente sobre la zona abdominal. Así pues, este músculo permite que los órganos del vientre reciban un suave masaje, lo que beneficia al tránsito intestinal y al corazón.

En el tai chi la respiración se adapta de forma natural a los movimientos del cuerpo. No hace falta pues ni acelerar ni aminorar su ritmo. Sólo cuando se dominan los movimientos nos podemos concentrar más en el papel que desempeña la respiración. Es especialmente bueno ejecutar desde el principio las figuras de tai chi combinándolas con ejercicios respiratorios específicos.

La respiración tiene lugar en el tan tien, el centro energético más importante de nuestro cuerpo, que está situado en la parte inferior del estómago. Es allí donde se acumula la energía qi, para a continuación expandirse por todo el organismo.

Los deportes de lucha practicados en el Extremo Oriente se denominan «hara» y basan todo su trabajo en este centro energético. También es el caso del yoga indio («el segundo chakra»).

Entrenándose regularmente y manteniendo una postura corporal correcta y relajada, la respiración se hace más profunda. La capacidad pulmonar aumenta y los vasos sanguíneos están mejor oxigenados. La circulación de la sangre y del sistema linfático mejora. Esto está relacionado con la respiración abdominal y los movimientos lentos y seguidos. La nueva energía que circula por todas las partes del cuerpo despierta el vigor de todo el ser. En el tai chi no es cuestión de realizar un esfuerzo físico excesivo. Está lejos de los deportes de alto nivel que provocan calambres, pulso acelerado y que hacen que la sangre suba a la cabeza.

El tai chi regula la tensión arterial, lo que es muy beneficioso para el corazón. Según un estudio médico efectuado con chinos de entre 50 y 89 años, los que practican tai chi están menos afectados por la hipertensión (tensión arterial elevada) y la arteriosclerosis (calcificación de las arterias) que los que no lo practican. También los médicos occidentales recomiendan a las personas que padecen de enfermedades cardíacas que mesuren sus esfuerzos físicos.

EL SISTEMA NERVIOSO

El tai chi hace trabajar los músculos y las articulaciones en movimiento, actúa en profundidad sobre la respiración y además tiene virtudes relajantes sobre el conjunto del sistema nervioso. Además, aumenta la capacidad de reacción del cuerpo y del espíritu.

El hecho de mantenerse erguido refuerza la función de los nervios centrales que se encuentran a lo largo de la columna vertebral. De esta manera, un mayor flujo de energía proveniente del vientre se expande por todo el cuerpo. Para los antiguos maestros de tai chi ésta es una de las condiciones principales para conseguir el rejuvenecimiento del cuerpo.

El sistema nervioso central que parte del cerebro regula todos los demás sistemas y órganos del cuerpo y rige todas las actividades del ser humano. El hecho de ejecutar secuencias inusuales y complejas requiere una atención mental especial. Esto significa que durante el ejercicio «el cuerpo sigue al espíritu».

Debemos coordinar armoniosamente el torso, las piernas, los brazos y los ojos y conservar siempre el equilibrio a pesar del hecho de que el peso corporal cambia continuamente de punto de apoyo. Para ello los centros motores del cerebro están bien despiertos, mientras que las demás actividades cerebrales permanecen inactivas. El hecho de concentrarse intensamente en los movimientos elimina la tensión, los pensamientos negativos y los problemas psíquicos. De hecho, estamos despiertos en el aquí y ahora.

Los movimientos armoniosos y la respiración profunda provienen de una percepción más sutil del cuerpo y de nuestra serenidad. Todas las personas que practican tai chi constatan al cabo de cierto tiempo que su estado de ánimo experimenta una determinada estabilización, algo que les beneficia en su vida cotidiana.

He oído decir muchas veces a los principiantes que se sentían especialmente equilibrados y menos irritables a la mañana siguiente de una sesión de práctica.

La relajación psicológica a su vez posee una serie de virtudes curativas sobre los fenómenos de carácter fisiológico y las enfermedades crónicas.

OTROS EFECTOS POSITIVOS

El tai chi tiene efectos positivos sobre el conjunto del organismo. Además de los resultados ya comentados anteriormente, posee efectos beneficiosos sobre la digestión, el metabolismo, el sistema glandular y los órganos internos. La influencia positiva del sistema nervioso vegetativo y los movimientos armoniosos del cuerpo tienen repercusiones positivas sobre el estómago, los intestinos, el hígado y los riñones. Ya hemos mencionado el efecto del masaje ejercido por el diafragma al respirar sobre los órganos del vientre.

Una alimentación sana, así como la eliminación de fibras, son necesarias para tener buena salud y aumentar la energía. El tai chi actúa contra los problemas de estómago y el estreñimiento, y favorece la asimilación de las grasas, de las proteínas, de los hidratos de carbono y del calcio. Según los estudios médicos, reduce entre otros el colesterol en sangre y protege los huesos del envejecimiento.

La salud y la alegría de vivir dependen de la relación armoniosa entre todas las partes del cuerpo, el alma y el espíritu. El tai chi

En el tai chi las secuencias de ejercicios son inusuales y complejas. Se requiere una gran atención mental durante el movimiento. La concentración llevada hacia los movimientos permite no pensar en ninguna otra cosa. En el tai chi estamos en el aquí y ahora.

21

LOS EFECTOS TERAPÉUTICOS DEL TAI CHI

Foto nº 11. Equilibrio interior, maestría del cuerpo y armonía, he aquí los objetivos que persigue el tai chi.

tiene efectos sobre todo el conjunto del organismo. Permite que las energías corporales circulen mejor y favorece el equilibrio psíquico.

La persona que practica regularmente tai chi obtendrá, según el concepto chino, la paz de espíritu de un sabio, la salud robusta de un leñador y la flexibilidad de un bebé. A continuación, vamos a pasar a la parte práctica para presentarles los ejercicios que desarrollan las virtudes terapéuticas citadas hasta ahora.

PRINCIPIOS FUNDAMENTALES Y EJERCICIOS PREPARATORIOS

Antes de empezar con una secuencia de tai chi se recomienda empezar por unos ejercicios preparatorios. Son especialmente útiles para los principiantes, que se familiarizarán con el tai chi mediante un aprendizaje basado esencialmente en la gimnasia, el juego y la meditación. En cuanto a los más avanzados, también les beneficiará en su práctica cotidiana. Antes de empezar una sesión de tai chi hace falta que el cuerpo esté bien relajado, que la respiración sea tranquila y profunda y que el espíritu esté alerta.

RELAJACIÓN

Para poder realizar los movimientos fluidos y armoniosos y experimentar el bienestar, al principio es muy importante aprender a relajarse física y mentalmente. Esto es esencial en una sociedad competitiva como la nuestra, donde los individuos se ven sometidos todos los días a un estrés físico o psíquico. Las tensiones corporales suelen localizarse en la nuca y los hombros, a lo largo de la columna vertebral, en la zona pélvica y del abdomen, así como en las manos. En cuanto a las tensiones psíquicas, se manifiestan no sólo en el rostro y en las actitudes adoptadas por el cuerpo, sino también en los órganos internos.

El objetivo de estos sencillos ejercicios preparatorios es el de distender y estirar los músculos y dar elasticidad a las articulaciones. Entre todos los ejercicios de gimnasia terapéutica existentes para ello, hemos escogido algunos que sería aconsejable practicar con regularidad.

Para cada uno de ellos es importante proceder con tranquilidad y suavidad, e ir sintiendo su efecto positivo. Olvídese de pretextos como la falta de tiempo, así como de la exhibición de fuerza y de rivalizar con los demás.

Ejercicio n° 1: oscilaciones

🙢 Colóquese en la posición inicial del tai chi, con los pies paralelos separados a la anchura de los hombros. Las rodillas ligeramente flexionadas. La cabeza permanece erguida y en línea recta con la columna vertebral. Los brazos, relajados, cuelgan a los lados del cuerpo (*véase* foto n° 13).

🙢 Levante los brazos al frente hasta la altura de la cabeza y luego vuélvalos a bajar. Acompañe este gesto haciendo «pequeños rebotes» con las rodillas sin levantar los pies del suelo en ningún momento. Mantenga el torso erguido. Sienta cómo los hombros y las rodillas se relajan.

Según la filosofía china, la persona que practica regularmente tai chi obtendrá la paz de espíritu de un sabio, la salud robusta de un leñador y la flexibilidad de un bebé.

23

Antes de empezar una sesión de tai chi se debe realizar una serie de ejercicios preparatorios con el fin de relajar el cuerpo. Relajarse significa liberarse de todas las tensiones físicas y mentales. Según el principio del yin-yang, relajarse significa recuperar la energía por completo.

◆ Después haga oscilar los brazos hacia delante y hacia atrás. Al hacerlo las manos se van elevando cada vez más, hasta llegar al nivel de la cabeza. Realice este movimiento sin forzar y sin coger impulso (al contrario de los ejercicios de musculación). Debe hacer oscilar las manos delante de usted como si fueran hojas movidas por el viento; siga esos gestos con la mirada. Permanezca bien enraizado en el suelo y mantenga las muñecas relajadas, como las de un gran director de orquesta.

◆ Gire el torso de izquierda a derecha. Acompañe el movimiento con la cabeza y haga oscilar los brazos a los lados. Con una mano toca el hombro derecho y con la otra la zona de los riñones. Los pies permanecen bien apoyados en el suelo y todo el movimiento es muy ligero.

◆ A continuación doble el torso hacia delante y cruce los brazos por detrás de la espalda. Póngase recto, inclínese hacia atrás y cruce los brazos sobre el pecho. Coloque primero el brazo izquierdo sobre el derecho y después repita la misma operación empezando con el brazo derecho.

◆ Continúe unos instantes más después de haber efectuado el ejercicio de 10 a 20 veces en ambas las direcciones y cierre los ojos.

◆ ¿Siente su circulación y su respiración? ¿Siente más distendida en la zona de las caderas, de los hombros, de las rodillas, de las manos y de la columna vertebral?

Ejercicio n° 2: estiramientos

◆ Vuelva a colocarse en la posición inicial. Al inspirar levántese sobre la punta de los pies y vaya formando progresivamente un arco levantando los brazos a los lados. Estírese al máximo. Al exhalar baje los brazos, apoye los pies en el suelo, doble las rodillas y curve ligeramente la columna vertebral. Compárese con un pájaro de gran envergadura cuyas alas baten lentamente.

◆ Deje el brazo izquierdo colgando, levante el derecho y páselo poco a poco al lado izquierdo, por encima de la cabeza, como si quisiera tirar de una cortina. Inspire y espire varias veces en esta posición. Sienta como las partes laterales de su caja torácica se expanden.

◆ Repita el ejercicio tres veces por cada lado.

◆ Doble la distancia que separa sus pies. Ahora puede girarlos hacia fuera. Mantenga las rodillas dobladas ejerciendo una presión hacia el exterior. ¿Siente como se estiran los músculos de la parte interna de los muslos y de las caderas?

◆ Desplace el peso del cuerpo sobre la pierna izquierda. La rodilla izquierda está doblada, mientras que la derecha permanece bien estirada. Vaya desplazando el peso de una pierna a otra e intente sentir simultáneamente la fuerza de ambas piernas en acción, la que tira y la que empuja.

Ejercicio nº 3: círculos

❧ Describa grandes círculos hacia atrás con los hombros, alternando de lado. Los brazos están relajados y cuelgan a los lados del cuerpo. Este movimiento recuerda a la natación de espalda pero sin utilizar los brazos. Los círculos deben ir siendo cada vez más grandes hasta el punto de que toda la columna vertebral, las caderas y las piernas participen en el movimiento.

❧ Prosiga haciendo grandes círculos con las caderas. El torso debe permanecer bien erguido. Disfrute la sensación que experimenta cuando las caderas realizan movimientos cada vez más grandes.

❧ Coloque las manos sobre las rodillas e incline el torso hacia delante. Efectúe pequeñas rotaciones lentas con las rodillas y los tobillos para flexibilizar las articulaciones. Haga rotaciones en ambos sentidos. Evite realizar círculos demasiado grandes para no crear tensión en las rodillas.

❧ Invéntese otros movimientos circulares para dar elasticidad a codos y muñecas.

Ejercicio nº 4: fricciones y golpecitos

❧ Frótese vigorosamente las manos para calentarlas y revitalizarlas. Frótese también la cara y la nuca.
A continuación acaríciese el vientre con un movimiento circular de la palma de la mano y después la parte baja de la espalda (la región lumbar y del coxis).

Puede aprovechar para hacer oscilar una pierna frente a la otra, para que las caderas, las rodillas y los tobillos participen también del movimiento.

❧ Tómese su tiempo y repítalo todo por segunda vez. ¿Percibe la energía que acaba de acumular?

❧ Dése golpecitos en ambas piernas de arriba abajo, con la mano plana o con los puños, pero sin hacerse daño. Suelte conscientemente la columna vertebral mientras se inclina hacia delante.

❧ En esta fase del ejercicio podría pedir la ayuda de un compañero para que le «golpée» desde los hombros hasta los pies. Póngase de acuerdo con él sobre los lugares donde puede golpear con más fuerza y dónde debe ir con más cuidado.

Ejercicio nº 5: agitación

❧ Para concluir esta sesión de ejercicios preparatorios vuelva a colocarse en la posición inicial y agite vigorosamente todo el cuerpo de uno a dos minutos.

❧ Relaje todos los músculos y todas las articulaciones que no utiliza para estar de pie: los hombros, los brazos, las manos, el cuello, el maxilar inferior, la cara, el vientre, etc. Permanezca con los pies bien apoyados en el suelo.

Imagínese que es un árbol, no un robusto roble, sino un sauce flexible. Aunque se vea sacudido por la tormenta, los pies seguirán firmes en el suelo. Cuanto más relaje las articulaciones y los músculos, menos le afectará la tormenta.

Deténgase, cierre los ojos y tómese tiempo para sentir los efectos y los cambios que han tenido lugar. ¿Sabía que el hecho de sacudirse hizo que la circulación de la sangre entrara en un estado de efervescencia?

CONCENTRACIÓN

La relajación, es decir, la liberación de las tensiones físicas y mentales, es uno de los efectos del tai chi. La relajación no es aquí sinónimo de amodorramiento porque según el principio del yin-yang, viene acompañada por una renovación de fuerza y de energía.

Los movimientos suaves y fluidos del tai chi requieren esfuerzos físicos (especialmente de los pies y las piernas) y mentales. El espíritu debe permanecer alerta y concentrado, porque es él quien observa y coordina todos los movimientos. La concentración en el tai chi permite eliminar los pensamientos superfluos y las preocupaciones cotidianas, y dejar que nuestro espíritu repose.

Gracias a la atención dirigida hacia el cuerpo y sus movimientos llegamos a sentir la energía vital mediante la respiración, las pulsaciones o la sensación de pesadez, de calor, de picor, etc.

En el tai chi es preciso tener el espíritu vivo y atento. La concentración se dirige tanto hacia el interior como el exterior. Es decir, que estamos atentos a la respiración, a las tensiones musculares, a los sentimientos, etc., al mismo tiempo que seguimos abiertos al mundo que nos rodea. ¡Integre su entorno e imagine que usted forma parte de él!

Ejercicio nº 6: concentración hacia el interior y el exterior de uno mismo

Encuentre un lugar en la naturaleza que le guste y donde no pueda ser molestado. Lleve ropa holgada y calzado plano. Si el tiempo lo permite, descálcese.

Abra las piernas y flexione las rodillas. A continuación, incline la pelvis de manera que se estire la zona del sacro. Estire la columna vertebral y deje colgar los brazos a ambos lados del cuerpo. Baje la barbilla hacia el pecho de forma que la cabeza y la nuca queden bien rectas.

Cierre los ojos y empiece a oscilar de adelante hacia atrás. Después describa círculos con todo el cuerpo; el movimiento debe partir de los tobillos. Sienta el suelo bajo los pies. Haga oscilar los brazos de adelante hacia atrás. Dirija su atención hacia las manos y los dedos. Elimine todas las tensiones del cuerpo porque no le son de ninguna utilidad.

Estire la cabeza como si una fuerza proveniente del cielo tirara de usted hacia arriba con cierta fuerza. Imagínese que es una marioneta que estuviera suspendida de unos hilos invisibles.

¿Qué nota a su alrededor? Concéntrese en los sonidos que le rodean. Quizá sean gorjeos de pájaros o el murmullo de un arroyo. Al cabo de unos instantes dirija su atención hacia otros sonidos.

A continuación concéntrese en su respiración. ¿Respira por el abdomen? Si no es así, contraiga el vientre bruscamente y después suéltelo mientras suspira ruidosamente. No se reprima ni sienta vergüenza, nadie le está mirando. Puede hacerlo varias veces. Es posible que perciba el latido del corazón. Ahora intente concentrarse

simultáneamente en su respiración y en uno de los sonidos.

Después sienta el aire que roza su piel, el aroma de una flor o el olor de la hierba recién cortada.

Por último intente sentir todas estas sensaciones a la vez, sin dar prioridad a ninguna de ellas.

Abra los ojos lentamente y deje que se llenen de luz. Mire hacia delante pero sin fijar la vista en nada concreto. Intente grabar todo lo que le rodea y sobre todo no se olvide de la respiración ni de las demás sensaciones. Permanezca abierto al mundo que le rodea mientras sigue concentrado en sí mismo. Quizá experimente alguna tensión muscular o surja algún tipo de sentimiento.

Déjese ir, el cuerpo, el alma y el espíritu forman una unidad. Todo le pertenece. Déjese llenar por la naturaleza e imagine que usted forma parte de ella.

Termine esta serie de ejercicios agitando piernas y brazos y haciendo oscilar el torso hacia delante, hacia atrás y hacia los lados.

POSTURA CORPORAL

En China se dice que la energía tiene la raíz en los pies, que sube hacia las piernas, se bifurca a la altura de las caderas y fluye a través de las manos hasta los dedos. En Occidente solemos prestar mucha menos atención a la parte inferior del cuerpo que a la superior. Es por ello que es importante proceder de abajo hacia arriba para adoptar una postura correcta.

El resumen que sigue retoma sistemáticamente todos los puntos esenciales que hemos presentado de forma más bien lúdica en el ejercicio nº 6.

Los pies

Ajustamos la posición de los pies para que estén paralelos. La distancia que los separa es la misma que la anchura de los hombros, de tal modo que los huesos de los muslos y de las piernas se mantienen verticales bajo las articulaciones de la pelvis. Las plantas de los pies están bien apoyadas en el suelo y el peso del cuerpo descansa sobre la parte anterior de los pies.

Las piernas

Las rodillas permanecen ligeramente dobladas hacia delante, pero la rótula no sobrepasa el eje formado por la punta de los dedos. Las rodillas se encuentran ligeramente abiertas hacia el exterior con el fin de evitar que las piernas formen una X. En esta postura, las articulaciones de los pies y de los músculos son más resistentes. En cuanto a la columna vertebral, está libre del peso corporal.

Para adoptar una postura correcta en el tai chi es importante seguir los siguientes consejos:

- *Sienta cómo está enraizado en el suelo al nivel de los pies y las piernas.*

- *Encuentre su punto de gravedad y su equilibrio en la pelvis y el vientre.*

- *Sienta cómo la cabeza y el torso se elevan hacia el cielo.*

- *Mueva los hombros, los brazos y las manos tan suavemente como si fuera una marioneta.*

PRINCIPIOS FUNDAMENTALES Y EJERCICIOS

La pelvis

Se avanza ligeramente la pelvis y se inclinan los glúteos hacia abajo, como si uno quisiera sentarse en una silla. Al hacerlo, la parte inferior de la columna se pone tirante, como ocurriría si estuviéramos apoyados contra una pared. Esta posición, contrariamente a la de la columna hundida, tiene efectos muy positivos sobre las vértebras.

El vientre

Los músculos del vientre están distendidos, lo que permite respirar profundamente por el abdomen. El centro del cuerpo que contiene la energía tan tien no debe quedar comprimido por la ropa demasiado ajustada ni por músculos demasiado tensos. La zona del estómago debe estar suave.

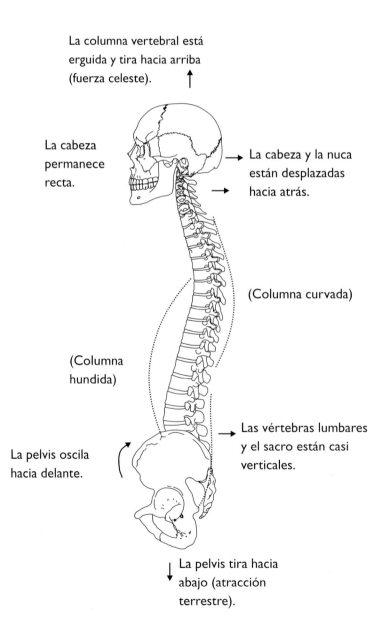

La columna vertebral está erguida y tira hacia arriba (fuerza celeste).

La cabeza permanece recta.

La cabeza y la nuca están desplazadas hacia atrás.

(Columna curvada)

(Columna hundida)

Las vértebras lumbares y el sacro están casi verticales.

La pelvis oscila hacia delante.

La pelvis tira hacia abajo (atracción terrestre).

Dibujo nº 12. Posición de la cabeza, de la columna vertebral y de la pelvis.

El torso

El pecho no se lleva hacia delante ni hacia atrás y la espalda está perfectamente recta. Ambos adoptan una postura natural. Cuando la columna vertebral está erguida, la circulación sanguínea y la función del sistema nervioso central se activan.

Los hombros

Los hombros están relajados. Ni suben ni caen. Es una zona donde las tensiones se acumulan y se resisten a marchar. Es por ello que le recomendamos levantar de vez en cuando los hombros y dejarlos caer bruscamente. Las personas que sufren de cifosis (columna curvada) deberían estirar los hombros echándolos hacia atrás, para que la caja torácica pueda expandirse.

Los brazos

Los brazos cuelgan relajados a ambos lados del cuerpo, sin pegarse a él.
Para ello imagínese que tiene unas pelotas de ping-pong en las axilas. Los codos y las articulaciones de la muñeca están flexibles y se mueven libremente.

El cuello

El cuello está bien erguido y la barbilla ligeramente inclinada hacia el pecho, lo que permite estirar la columna vertebral, especialmente en la zona de la nuca.

La cabeza

La cabeza debe estar bien erguida, alineada con la columna vertebral, y estirarse hacia arriba desde la zona del nacimiento del cabello.

Los ojos miran hacia delante en línea recta; es un sistema para impedir que la cabeza se incline hacia abajo. La lengua se encuentra apoyada contra el paladar y la boca permanece ligeramente cerrada. Los rasgos faciales están distendidos y la expresión del rostro es agradable.

Foto n° 13. Posición inicial del tai chi.

Principios fundamentales con respecto a la posición y los movimientos del tai chi

1. Los pies están colocados firmemente sobre el suelo.

2. El cuerpo está derecho y relajado.

3. El espíritu está a la vez tranquilo y despierto. Guía y coordina el conjunto de movimientos.

4. La respiración es suave y profunda en el abdomen.

5. La atracción terrestre tira del cuerpo hacia abajo, la fuerza celeste tira de él hacia arriba.

6. Todas las partes del cuerpo forman una unidad, como las perlas de un collar.

7. La concentración se efectúa en el centro del cuerpo, la zona de la cual parten los movimientos.

8. Los movimientos se realizan sin esfuerzo: son lentos, regulares, curvos y armoniosos.

Entrénese con frecuencia para reproducir la postura de la foto nº 13 y controlar una a una todas las partes del cuerpo. Cuando considere que su postura es correcta, cierre los ojos e imagine que un peso muy grande cuelga de su coxis y tira de usted hacia abajo. Por detrás de la cabeza, en el lugar donde nace el cabello, está unido al cielo por un hilo dorado que le da al torso su porte. ¿Siente el efecto beneficioso del estiramiento en su columna vertebral?

Si le empiezan a temblar las piernas al cabo de unos minutos, es señal de que le falta fuerza en los muslos. La tensión que siente en esta zona estaba antes situada en la parte inferior de la columna. No intente en ningún caso conservar la postura si esto le exige demasiado esfuerzo. Con el tiempo encontrará la posición inicial del tai chi cada vez más agradable.

Obsérvese conscientemente. Intente descubrir en qué partes del cuerpo persiste la tensión y cómo le sería posible relajar los músculos sin cambiar de posición.

Como los principiantes suelen tener tendencia a hacer salir demasiado la pelvis y el torso, les recomendamos que controlen la postura mirándose en el espejo, para corregirla al máximo.

EL ARTE DEL MOVIMIENTO

En el tai chi cada figura está compuesta por una serie de elementos expresados en movimientos como el desplazamiento del peso de una pierna a otra, la rotación de la pelvis y del torso, los pasos hacia delante, hacia atrás o a un lado, la flexión y el estiramiento de las piernas, o bien los movimientos circulares de los brazos. En los escritos de la antigua china se distinguían ocho movimientos fundamentales diferentes y cinco pasos, y todos ellos eran ejercicios de autodefensa.

El tai chi podría compararse con el agua que fluye sin interrupción, o a las nubes que se pasean sin cesar por el cielo. Es por ello que cada figura debe expresar la continuidad y realizarse con un solo y único movimiento, sin brusquedad ni intensificación rítmica.

En China se dice que los movimientos del tai chi se realizan como si estuviéramos extrayendo la seda de un capullo: hay que tirar del hilo con mucha suavidad, poco a poco y de forma regular, para que no se rompa.

El cuerpo debe moverse suavemente, ser elástico y tener la agilidad de un gato. Como el cuerpo constituye un todo, los movimientos de brazos y piernas, manos y pies, tronco y cabeza, se realizan simultáneamente.

Todo el cuerpo debe participar en el movimiento que parte de un lugar situado en la pelvis, entre las caderas: es allí donde se encuentra el centro energético tan tien. Este movimiento es guiado conscientemente por nuestra mente, que se dedica a coordinar con armonía unos elementos

con otros. En China no se cansan de repetir: «El cuerpo sigue al espíritu».

En el tai chi no existen los movimientos bruscos ni los estiramientos completos de las articulaciones. Al contrario, los miembros se curvan y arquean para ejecutar los pasos y realizar los movimientos de los brazos. Las articulaciones quedan ligeramente flexionadas durante su estiramiento.

Esta forma de moverse es mucho más natural y mucho más sana que el ejercitar parcialmente los músculos, como se hace en tantas disciplinas deportivas.

En el tai chi el movimiento debe recordar el de una pelota que jamás pierde su equilibrio. Las manos y los pies se desplazan al mismo tiempo hacia su periferia y no deben alejarse jamás del centro del cuerpo, para no perder el equilibrio.

Conforme al principio del yin-yang, el peso corporal se desplaza de una pierna a la otra sin brusquedad. Es sólo cuando el cuerpo mantiene su equilibrio, cuando todos sus miembros se mueven armoniosamente, que es posible cambiar permanentemente de punto de apoyo, pasando de la pierna llena (pierna de apoyo) a la pierna vacía (la que no sirve de apoyo).

Los principiantes deben aprender a distinguir claramente el momento en que es necesario poner el pie en el suelo y el momento en que hay que desplazar el peso. En el tai chi el peso corporal no se desplaza con el pie que se coloca sobre el suelo, como ocurre cuando caminamos normalmente o incluso más al practicar footing.

Las 12 reglas fundamentales para estar de pie y caminar correctamente están resumidas en los márgenes de estas dos páginas. Los dos ejercicios siguientes le ayudarán a desarrollar su sensibilidad para así poder realizar los movimientos correctamente.

Ejercicio n° 7: aprender a caminar conscientemente («El paso de la grulla»)

Encuentre un lugar plano y descálcese. Primero camine normalmente y después observe cómo camina, a qué ritmo, en qué postura, etc.

Al cabo de unos instantes aminore el paso y concentre toda su atención en los pies. Dé un paso hacia delante colocando primero el talón en el suelo y después apoye toda la planta. A continuación, levante el pie lentamente comenzando por el talón hasta llegar a los dedos. Sienta la tierra bajo los pies.

Imagínese ahora que camina por aguas poco profundas. El suelo es resbaladizo y se hunde bajo sus pies. El agua le llega a las pantorrillas. Se concentra en avanzar lentamente, levantando las rodillas de forma que los muslos estén casi horizontales. Piense siempre en flexionar la pierna que sirve de apoyo, para poder mantener el equilibrio. Con cada paso tantee con la punta del pie el suelo inseguro.

Imagínese que es una grulla encaramada en sus largas patas, una ave zancuda con caminar muy seguro y que además se mueve perfectamente erguida. Si se imagina que lleva una jarra en la cabeza, como saben hacerlo los niños en los países tropicales, esto le ayudará a adoptar la posición correcta. También puede colocarse un saquito de arena en la cabeza. De esta manera podrá caminar erguida y manteniendo el equilibrio.

Por último nuestra grulla hace trabajar un poco las alas. Deje que sus brazos describan unos círculos alternando de lado, como si nadara de espaldas. Intente alige-

9. El peso corporal cambia constantemente de una pierna a otra (yin-yang). Al hacerlo el cuerpo mantiene el equilibrio.

10. La energía tiene su raíz en los pies, sube por las piernas, se bifurca a la altura de las caderas y fluye por las manos hasta los dedos.

11. Los brazos realizan movimientos circulares que acompañan los del torso. Los dedos son ligeros como flores que se abren y se cierran.

12. La mirada sigue los movimientos de las manos, pero percibe también todo aquello que está a su alrededor.

rar sus articulaciones. Imagínese que el estanque está rodeado de niebla y que intenta apartarla con las manos. Puede palparla con los dedos, como si fuera azúcar hilado.

Al cabo de unos instantes detenga los movimientos circulares de los brazos, siga con su paso normal y su ritmo habitual. Ahora grabe en su cabeza cuál es la diferencia entre el paso de la grulla y el suyo.

Ejercicio nº 8: el paso básico del tai chi («El paso arqueado»)

Debe establecer una relación entre la experiencia adquirida con el ejercicio precedente y los principios básicos que acabamos de presentarle.

Vuelva a colocar los pies en paralelo. Deben estar separados a la misma distancia que sus hombros. Desplace lenta y conscientemente el peso del cuerpo de una pierna a otra. Al cabo de unos instantes levante ligeramente la pierna que no sirve de apoyo. Preste atención para no lincliar el torso hacia un lado; debe permanecer bien erguido.

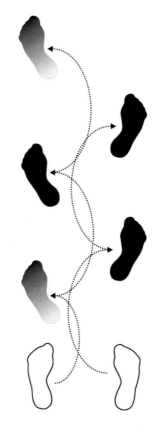

Dibujo nº 14.
El paso básico del tai chi
(el paso arqueado).

a) Desplazamiento de los pies.

b) Desplazamiento de la pelvis.

Foto n° 15. Paso arqueado I.

Después desplace el peso sobre la pierna derecha y levante muy ligeramente el pie izquierdo del suelo.

Foto n° 16. Paso arqueado II.

Déjelo en el suelo a una distancia de unos dos pasos, posando primero el talón. Después levante suavemente el resto del pie hacia delante antes de empezar a desplazar el peso sobre la pierna izquierda.

Para ello el movimiento toma su impulso del centro corporal en la zona de la pelvis. Ahora puede girar ligeramente el pie hacia el exterior mientras lo deja en el suelo. Cuando la pierna derecha esté libre del peso corporal, levante poco a poco el pie derecho empezando por el talón hasta los dedos. Llévelo hacia el pie izquierdo y forme un semicírculo antes de colocarlo delante de usted (*véase* dibujo n° 14a).

Intente tomar consciencia de que las piernas sirven de apoyo alternándose sucesivamente, que pasan de ser «vacías» a «llenas», es decir, yin y yang.

Compruebe que los pies conservan la distancia correspondiente al ancho de sus hombros. Los principiantes tienen tendencia a dar grandes pasos cuando colocan un pie frente al otro. Imagínese que tiene que caminar por unos raíles estrechos. Avance sin detenerse jamás y mantenga la pierna de apoyo siempre flexionada. Cuando haya adquirido confianza podrá dirigir su atención hacia el torso. No hay que dejar que se incline hacia delante, hacia atrás ni hacia los lados. Tampoco hay que dejar que se levante o baje con cada paso. Este movimiento se realiza gracias a las articulaciones

Foto n° 17. Paso arqueado III.

Foto n° 18. Paso arqueado IV.

El tai chi podría compararse con el agua que fluye sin interrupción, o con las nubes que se pasean sin cesar por el cielo. Es por ello que cada figura debe expresar la continuidad y realizarse con un solo y único movimiento, sin brusquedad ni intensificación rítmica. En China se dice que los movimientos del tai chi se realizan como si estuviéramos extrayendo la seda de un capullo: hay que tirar del hilo con suavidad, poco a poco y de forma regular, para que no se rompa.

de la pelvis, de as rodillas y de los tobillos. La pelvis avanza como una serpiente y permanece siempre a la misma altura (*véase dibujo 14b*). Debe sentir que el movimiento de las piernas parte de la pelvis.

Mire hacia delante al tiempo que mantiene la cabeza erguida. Lleve de vez en cuando la atención hacia los hombros y las manos. Si hay crispación, relájelos de forma consciente. Puede también separar los brazos para mantener mejor el equilibrio.

Cuando haya adquirido suficiente confianza vuelva a realizar el movimiento, esta vez yendo hacia atrás. Preste atención a cómo coloca el pie en el suelo antes de desplazar el peso. Si siente los músculos de la parte trasera de las rodillas y los muslos, es buena señal. Siga todas las indicaciones que le hemos dado para el desplazamiento hacia delante.

SENTIR LA ENERGÍA CORPORAL

En los apartados anteriores hemos descrito la forma en que el cuerpo debe estar colocado y cómo tiene que desplazarse. Pero, siguiendo el principio del yin-yang, el movimiento interior es muy importante en el tai chi. Por ello entendemos que la energía qi, estrechamente vinculada a la respiración, circula libremente (*véanse págs. 10 y 20*). Cada movimiento es ejecutado con poca fuerza muscular pero con mucha fuerza interior.

Para los principiantes es difícil comprender lo que significa qi o energía interna. Con el tiempo todos los que practican se vuelven cada vez más sensibles a los fenómenos

que se producen en su cuerpo. El hecho de pasar a una respiración abdominal, serena y profunda, y de aligerar los músculos y las articulaciones, permite una mejor percepción del qi. Así se toma conciencia más fácilmente de su flujo y de sus bloqueos.

Ejercicio nº 9: sentir las emociones en el vientre

Vuelva a colocarse en la posición inicial del tai chi y cruce las manos sobre la parte inferior del abdomen. Su centro energético está situado aproximadamente a unos 3 centímetros por debajo del ombligo y a un tercio de la distancia entre el vientre y la espalda. No corresponde tanto a un punto como a una zona. El término chino «tan tien», que significa «campo de cinabrio», expresa todo su valor. Intente concentrarse para sentir esta zona.

Deje que la respiración llene el abdomen. Su diafragma sube y baja. Sienta con las manos cómo se hincha el vientre al inspirar y se deshincha al exhalar. Exhale varias veces ruidosamente, hasta que los pulmones estén vacíos. Pronto se dará cuenta de que puede almacenar más aire que antes y que su respiración se ha vuelto más profunda.

El vientre es el centro de la vida emocional. Es allí donde se acumula gran parte de la energía que con demasiada frecuencia está bloqueada. Las expresiones como «tener el miedo en el vientre», «tener un nudo en el estómago», «no haber digerido algo», hablan por sí mismas.

Adopte una expresión de cólera en su rostro y sienta lo que pasa en el vientre. ¿Tiene el diafragma más relajado o más crispado que antes?

A continuación, cambie de estado de ánimo; para ello, piense en un momento de felicidad y deje que la alegría se le refleje en la cara. ¿Cómo reacciona el vientre? ¿Y la respiración? ¿Tiene la sensación de que el corazón está más ligero?

Ejercicio n° 10:
el flujo de energía
atraviesa las manos

Vuelva a colocarse en la posición inicial y cierre los ojos. Frótese las manos vigorosamente hasta que el calor y el hormigueo las invadan. Después júntelas sobre el pecho (gesto de rezar), apoyando las palmas con firmeza una contra otra durante un minuto. Disminuya la presión. Su contacto es ahora apenas perceptible. Sepárelas. ¿Siente la fuerza magnética que emana de ellas?

Imagínese que sostiene una pelota entre las manos, que se va haciendo cada vez más grande.

La distancia entre las manos puede ser de un metro o más. Compruebe que las palmas están en paralelo.

Intente ahora juntarlas de nuevo. ¿Siente alguna resistencia? Deje que la pelota se deshinche y concéntrese bien en las manos. Puede repetir la experiencia varias veces. Cada vez sentirá más la energía magnética. A continuación separe las manos a una distancia equivalente a la anchura de sus hombros. Asegúrese de que los hombros no están tensos. Imagínese que sostiene una pelota dorada llena de energía, tan ligera como el aire.

Ahora haga girar la pelota. Coloque primero la mano izquierda encima y la mano derecha debajo, antes de deslizarlas en la posición contraria. «Los brazos flotan en el aire», dicen en China. Tómese tiempo para jugar con su balón.

Ahora gire el torso hacia la derecha (la pelvis no) desplazando el peso del cuerpo sobre la pierna derecha cuando la mano derecha se desliza hacia arriba. Haga lo inverso. Abra los ojos con suavidad pero siga concentrado en las manos. Siga jugando con el balón, dando pasos de tai chi por toda la habitación (*véanse* págs. 19 y 20). Armonice los movimientos de piernas y brazos.

Desplácese con lentitud y regularidad, y concéntrese primero en las manos, luego en los pies y después en el vientre. Por último intente sentir todas las partes del cuerpo de forma simultánea. Seguramente conseguirá sentir la energía qi que circula por todo el cuerpo.

Foto n° 19. Paso de tai chi con una pelota imaginaria I.

Foto n° 20. Paso de tai chi con una pelota imaginaria II.

EL ENTRENAMIENTO COTIDIANO

Se puede practicar tai chi a cualquier hora del día y época de la vida: en salas de gimnasia, en plena naturaleza, sea uno joven o viejo. El tai chi no precisa ningún equipo especial. De todos modos es necesario practicar con regularidad y dedicación. Hay que calcular de unos diez a veinte minutos de práctica por día.

Lo que resulta agradable del tai chi es que se puede practicar casi siempre, poco importa el lugar o el momento. Su práctica no precisa ningún salón deportivo ni vestimenta especial. De todos modos es bueno aplicar ciertos principios fundamentales siempre que resulte posible:

1. Sea paciente y persistente. Necesitará cierto tiempo antes de dominar los elementos básicos. En cambio podrá seguir practicando hasta una edad avanzada. Tenga siempre presente la máxima taoísta: «Lo esencial no es el objetivo, sino el camino que emprendemos para llegar a él.»

2. Practique un poco todos los días. Una práctica diaria de unos 10 a 20 minutos es absolutamente preferible a un entrenamiento semanal de una a dos horas. En el tai chi también es aplicable este proverbio: «Es forjando como uno se convierte en herrero».

3. No se compare jamás con los que lo practican mejor que usted. Sólo usted puede evaluar sus progresos. Es así como cada día lo hará mejor.

4. Es recomendable, especialmente para los principiantes, efectuar los elementos por separado. Trabaje primero las piernas y después los brazos.

5. Realice una secuencia de tai chi, entera o parcial, varias veces seguidas. Preste atención para que los ejercicios sean correctos. Concéntrese también en la fluidez que surge de los movimientos.

6. Limite los elementos nuevos en una sesión, es preferible practicar los que ya ha aprendido. Con el tiempo irá percibiendo más detalles y sutilezas.

7. Póngase un calzado llano que no le apriete los pies (¡si es posible, nada de zapatillas de tenis!), y si hace calor lo mejor es ir descalzo. Los tacones y las plantillas, por finos que sean, alteran la curvatura natural del pie.

8. Lleve ropa holgada. Quítese el cinturón o aflójelo. El vientre tiene que quedar libre.

9. Encuentre un lugar tranquilo, llano, protegido del viento y donde nada pueda molestarle. Practique siempre que sea posible al aire libre. Si no es así, abra las ventanas.

10. No practique después de una comida copiosa. Determine un momento concreto, lo mejor es por la mañana o por la noche.

11. Dedique unos minutos antes de la práctica a la relajación, para prepararse mentalmente. Si es posible, dé un paseo tras la práctica.

12. Para empezar apúntese a un cursillo de tai chi. El profesor podrá orientarle y le dará las instrucciones necesarias.

EJERCICIOS DE RESPIRACIÓN («EL QI KUNG»)

El qi kung representa una parte esencial de la herencia cultural china. Su tradición se remonta a más de cinco mil años y no ha dejado de evolucionar a través de los siglos. Actualmente el qi kung cuenta con más de mil tipos de ejercicios diferentes. Traducido literalmente, *qi kung* significa «ejercicios basados en el aire y la energía interior». Para comprenderlo mejor podríamos definirlo como una gimnasia terapéutica basada en la respiración.

Con frecuencia las tensiones interiores y los sentimientos inhibidos repercuten sobre la caja torácica, que entonces se encoge. Expresiones como «se me corta la respiración» o bien «uf, ¡ya puedo respirar!» desvelan el aspecto psicológico de la respiración. En las situaciones agradables el pecho se expande cuando respiramos. Cuando las preocupaciones nos atormentan no paramos de suspirar, y en las situaciones extremadamente tensas la respiración se vuelve insuficiente. En cambio, la persona que respira profunda y lentamente, puede vivir y superar las pruebas de la vida con serenidad y sin poner su equilibrio interior en peligro.

En el qi kung la respiración y la energía vital están totalmente interrelacionadas. Muchos ejercicios se efectúan de pie, ciertas secuencias se realizan estando sentados o estirados y otras, andando. El efecto que se persigue es hacer circular mejor la energía vital qi por el cuerpo, que pasa del entorno al interior del mismo mediante la respiración.

Concentrándonos sobre la circulación del qi a lo largo de los meridianos de la acupuntura china (*véase* pág. 10), al cabo de varios ejercicios llegamos a sentir realmente esta energía en nuestro interior.

Los bloqueos energéticos del cuerpo suelen estar en el origen de las enfermedades y entonces la energía vital no puede circular libremente. La práctica regular del qi kung permite que estos bloqueos puedan reabsorberse gradualmente, de modo que cada parte del cuerpo recupere de forma equitativa su parte de energía vital.

Según las experiencias realizadas en China, así es como se curan la mayoría de las enfermedades. El proceso de curación se acelera gracias a las fuerzas naturales del paciente.

No obstante, hay que querer curarse o simplemente querer seguir gozando de buena salud. Para ello es importante practicar ejercicios físicos regularmente.

Los ejercicios de qi kung tienen efectos especialmente positivos sobre el sistema respiratorio (aumento de la capacidad respiratoria) y sobre el sistema nervioso (relajación y armonización vegetativa). Además, resultan saludables para la circulación de la sangre y para el aparato digestivo.

En el sentido amplio del término, podemos decir que el tai chi es como una derivación del qi kung.

El conjunto de ejercicios de qi kung constituye uno de los pilares básicos de la mayoría de las figuras más complejas del tai chi

Traducido literalmente, qi kung significa «ejercicios basados en el aire y la energía interior». Con la ayuda del qi kung podemos aprender a hacer circular nuestra energía vital por el cuerpo, con la finalidad de eliminar progresivamente los bloqueos interiores.

(es decir, de la meditación china en movimiento).

Actualmente existen diversas obras dedicadas al qi kung escritas en nuestro idioma, por lo que no le resultará difícil obtener información más detallada.

En el apartado siguiente vamos a presentarle tres ejercicios de qi kung, relativamente fáciles, que resultan muy convenientes en la preparación de una sesión de tai chi, ya se trate de principiantes o de personas más experimentadas.

Ejercicio nº 11: la técnica respiratoria de las cuatro direcciones

Colóquese en la posición inicial, los pies paralelos y separados a la misma distancia de los hombros. Las rodillas ligeramente flexionadas. El torso y la cabeza rectos. Los hombros relajados, los brazos caen a ambos lados del cuerpo (*véase* foto nº 21). La inspiración y la exhalación son respectivamente representadas por los siguientes símbolos: ✿ y ✸.

✿ Levante los brazos lentamente hasta que estén horizontales. Los codos no están estirados del todo. Vuelva a llevarlos hacia el torso, como si acariciara una gran pelota con las manos (*véase* foto nº 22).

✸ Baje los brazos rozando el pecho y vuelva a la posición inicial (*véase* foto nº 23). Las manos pasan de la posición abierta a la cerrada girando las muñe-

Foto nº 21. Posición inicial.

Foto nº 22. Las manos acarician una pelota imaginaria.

cas, pasan del yin al yang (*véanse* fotos n° 24 y n° 25). Trabaje el movimiento de las manos intentando sentir cómo la corriente energética se abre y se cierra.

✪ Repita esta parte del ejercicio una segunda vez.

❀ Inspire y exhale por la nariz.

✪ Levante de nuevo los brazos y después lleve las manos hacia el pecho, con las palmas giradas hacia fuera. Respire profundamente por la nariz (*véase* foto n° 26).

❀ Empuje lentamente con las palmas hacia delante, como si intentara apartar a un adversario que se hallara frente a usted (*véanse* fotos n° 27 y 28).

Foto n° 24. Manos abiertas.

La foto n° 28 le muestra la posición de perfil. Apoye la lengua contra los incisi-

Foto n° 23. Los brazos bajan y vuelven a la posición inicial.

Foto n° 25. Manos cerradas.

vos y respire profundamente por la boca, frunciendo los labios hacia fuera y «silbando».

Foto nº 26. Lleve las manos hacia el pecho mientras inspira.

Foto nº 27. Empuje ligeramente con las manos hacia delante.

Foto nº 28. El mismo ejercicio visto de perfil.

⚙ Vuelva a llevar las manos hacia el pecho mientras respira por la nariz (*véase* foto nº 29). Preste atención al cambio permanente entre la posición abierta y cerrada de las muñecas.

❀ Empuje con los brazos hacia los lados, hacia fuera, con las manos abiertas y los dedos dirigidos hacia el cielo (*véase* foto nº 30). Los codos nunca están estirados del todo, sino que crean una tensión en las muñecas (paso del yin al yang). Respire por la boca «silbando» y asegúrese de que vacía del todo los pulmones. Haga salir el aire de lo más profundo del vientre.

⚙ Lleve las manos hacia el pecho (*véase* foto nº 31) y deje que las muñecas se relajen (paso del yang al yin). Inspire

Foto nº 29. Lleve las manos hacia el pecho.

Foto nº 30. Empuje con los brazos hacia fuera.

Foto nº 31. Inspire…

Foto nº 32. …y exhale.

Foto n° 33. Manos a la altura del pecho y cabeza en la posición inicial.

Foto n° 34. Empuje con las manos hacia abajo.

profundamente por la nariz y deje que cada vez entre una cantidad mayor de aire en los pulmones.

✳ Alce los brazos como si quisiera levantar un peso. Siga las manos con la mirada (*véase* foto n° 32). Exhale «silbando» e imagine que el aire exhalado sale por el hueco de las manos.

✳ Vuelva a bajar las manos a la altura del pecho mientras inspira profundamente. La cabeza retoma su posición normal (*véase* foto n° 33).

✳ Empuje ahora las manos hacia abajo, siguiéndolas con la mirada (*véase* foto n° 34). Respire «silbando» por la boca y con los labios fruncidos hacia fuera. Respire profundamente y sienta la energía en el hueco de las manos.

✳ Repita el ejercicio completo dos veces más.

✳ Respire dos veces con normalidad (por la nariz) y cuatro veces «silbando» por la boca, con los labios fruncidos. Termine el ejercicio ejecutando movimientos circulares con las mano.

Tómese tiempo para sentir el cuerpo por dentro. ¿Lo siente más vivo y despierto que antes? ¿Tiene las manos hinchadas? ¿O bien están más calientes? ¿Qué ha cambiado? ¡Sienta los cambios que han tenido lugar en su cuerpo!

Ejercicio n° 12: postura de la estaca («Posición zen»)

Mientras que el ejercicio anterior hacía hincapié en la respiración efectuada en profundidad, este insiste más bien en la percepción de la energía. Al formar un círculo con los brazos frente a usted, el flujo de energía qi se activa y el sistema nervioso se fortalece. Al principio esta postura resulta difícil para los principiantes.

Colóquese en la posición inicial del tai chi. Mantenga la columna vertebral lo más recta posible. Controle la zona del sacro y de la nuca con las manos. A continuación, levante los brazos frente a usted, hasta la altura de los hombros, y forme un círculo como si estuviera rodeando un árbol. Las palmas de las manos deben estar vueltas hacia dentro y los dedos no han de tocarse del todo.

Baje ligeramente los codos y relaje los hombros. Compruebe que todas las articulaciones (de los codos hasta los dedos) están un poco curvadas (*véase* foto n° 35). Permanezca en esta posición, respire lenta y profundamente por el abdomen e intente sentir su tan tien (centro energético de la parte inferior del vientre). Dirija la mirada a lo lejos por encima de las manos. Concéntrese para percibir al mismo tiempo lo que le rodea y su propio interior (*véase* ejercicio 6 de la pág. 26).

No tense los hombros, relaje los músculos cuanto le sea posible. Cuanto más relajado, más libremente circulará la energía qi.

Pronto sentirá que los brazos se sostienen por una energía que no es la de los músculos. Al principio mantenga la posición durante unos pocos minutos y progresivamente pase a 10 minutos o más.

Foto n° 35. Los brazos rodean un árbol.

Foto n° 36. Postura inferior de «la estaca».

43

Foto nº 37. Postura superior de «la estaca».

Foto nº 38. Postura inferior de «la estaca» con las manos cerradas.

Para sentir circular mejor la energía por los brazos, imagínese que inspira por la punta de los dedos de la mano izquierda y que el aire pasa a lo largo del brazo antes de llegar a la caja torácica. Después exhale por el lado derecho haciendo salir el aire por la punta de los dedos, de modo que se establezca una energía circular al ritmo de su respiración. Al cabo de unos instantes haga circular la energía en la otra dirección.

Este ejercicio de base tiene algunas variaciones.

Tras unos instantes vuelva a bajar los brazos y lleve las manos a la parte inferior del vientre. Habrá pasado de la posición superior a la inferior de la postura de «la estaca» (*véase* foto nº 36).

Puede concentrarse ahora en el flujo energético. Imagínese que sostiene en las manos una pelota energética que apoya contra su vientre. Dirija mentalmente el flujo de energía.

Ahora el circuito energético parte de la punta de los dedos de la mano izquierda, entra por el interior del vientre, va al lugar donde se encuentra el tan tien y sale por el lado derecho. Empiece el círculo inspirando y acabe exhalando. Luego repítalo mentalmente en la otra dirección.

Al cabo de unos instantes suba los brazos a la posición superior de «la estaca», girando la palma de las manos hacia el exterior (*véase* foto nº 37). Las manos han pasado de la posición abierta a la cerrada. Intente sentir el efecto. Para continuar el ejercicio puede dejarlas en esta posición o bien pasarlas de la postura abierta (inspiración) a la cerrada (exhalación) de forma gradual. La rotación del antebrazo en espiral y el hecho de ir alternando la energía en las manos son elementos importantes para todas las secuencias del tai chi.

Para concluir puede combinar la posición cerrada de las manos con la postura inferior de «la estaca» (*véase* foto n° 38). Ahora ya conoce cuatro figuras básicas del qi kung.

Ejercicio n° 13: la pequeña circulación de energía

Al cabo de un tiempo intente percibir eso que llamamos la pequeña circulación de energía. Al principio el ejercicio resulta especialmente difícil para los principiantes. Coloque las piernas en paralelo, los brazos colgando a los lados. Dibuje mentalmente la línea que separa en dos partes iguales el tronco y la cabeza. En acupuntura se trata de dos meridianos llamados du mai (meridiano o vaso gobernador) y ren mai (meridiano o vaso concepción).

Primero concéntrese en el punto inferior, situado entre el ano y los órganos genitales. Es allí donde convergen los dos meridianos. Concéntrese ahora en la línea media que sube por la columna vertebral hasta la parte superior del cráneo. Siga por encima de la cabeza y baje hasta el paladar. Es allí donde termina el meridiano gobernador. La lengua sirve de puente para el meridiano concepción. Éste desciende por el torso, pasa por el ombligo y vuelve a su punto inicial (*véase* dibujo n° 39).

Tras algunas sesiones de concentración sobre estos canales energéticos, pase a los ejercicios siguientes.

Imagínese que la energía qi sube al inspirar siguiendo el meridiano gobernador, alcanza la cavidad bucal y vuelve a bajar al exhalar por el meridiano concepción. Coloque bien la lengua contra los incisivos superiores para no interrumpir el circuito de los dos meridianos.

Al exhalar haga bajar mentalmente la energía qi hacia el tan tien. Sienta cómo circula la energía 3 cm por debajo del ombligo y se expande por el vientre. Después sienta cómo llega al coxis para seguir su camino por el meridiano gobernador.

Antes de poder sentir realmente la energía qi hay que tener mucha paciencia y practicar. De todos modos, los ejercicios de concentración sobre la pequeña circulación de energía le ayudarán a intensificar la percepción de su cuerpo.

EJERCICIOS DE RESPIRACIÓN («EL QI KUNG»)

Hasta aquí, esta pequeña introducción sobre los ejercicios de qi kung que le permitirá llevarlos a cabo usted solo. Recomendamos a los más avanzados que deseen integrar nuevos elementos, que acudan a un profesor experimentado o bien se informen a través de los numerosos libros que tratan sobre el tema. En todo caso es importante que estos ejercicios relativamente fáciles formen parte de cada sesión de entrenamiento.

Son una excelente preparación para las sesiones intensivas de tai chi. En especial, ayudan a ejecutar las secuencias de movimientos con más seguridad y a aumentar la concentración sobre el fluir de la energía qi.

Ren mai
(Meridiano concepción)

Du mai
(Meridiano
gobernador)

*Dibujo nº 39. La pequeña
circulación de energía.*

EJERCICIO
DE ARMONIZACIÓN

Se recomienda a los principiantes que empiecen por los ejercicios preparatorios antes de emprender una secuencia de tai chi larga y complicada. En las páginas anteriores, le hemos presentado algunos ejercicios útiles sobre la posición inicial y el arte de moverse en el tai chi, así como aquellos referidos básicamente a la respiración.

A continuación, le presentaremos una secuencia corta que combina la posición básica, el flujo de movimientos y el ritmo respiratorio.

Aun cuando se trata de una secuencia simple, incluye los elementos esenciales de una secuencia de tai chi más larga, tales como:

- Enraizamiento profundo en la tierra, rodillas flexionadas.

- Posición del torso levantado hacia el cielo.

- El centro está en el tan tien (centro energético situado en el vientre).

- Flujo regular y circular de los movimientos.

- Pasar del yin al yang (relajación/contracción).

- Desplazamiento de peso (pierna vacía, pierna llena).

- Armonización entre respiración y movimiento.

- Mirada fija en los movimientos.

En el ejercicio de armonización los cinco elementos (madera, fuego, tierra, metal y agua) están representados a través de ciertos movimientos. La teoría de los cinco elementos es uno de los fundamentos de la filosofía y de la medicina chinas. Deben estar siempre en armonía unos con otros. Corresponden a las estaciones del año, a los puntos cardinales, a los órganos, a los sentidos, a los humores, etc., tal y como podrá comprobar en el cuadro de la página siguiente.

Cuando un elemento destaca o es más débil que los demás, eso desequilibra la armonía y puede dar paso a enfermedades. Siguiendo este concepto, la acupuntura china (*véanse* pág. 10 y siguientes), la cocina, las dietas alimentarias, etc., intentan reforzar los elementos débiles para restablecer el equilibrio entre cuerpo y espíritu.

No hablaremos más de la teoría de los cinco elementos, pero existen numerosas obras escritas en nuestro idioma para todos aquellos que quieran conocer el tema en mayor profundidad.

Durante el ejercicio de armonización, un elemento engendra a otro. Se empieza con el agua. Del fondo del agua nace el germen de la planta, que se transforma en madera sólida. La madera puede servir para encender el fuego. La madera, quemada por el fuego, se transforma en tierra y el metal es engendrado bajo la tierra. El agua se encuentra en las capas profundas de la tierra.

47

Elemento	Madera	Fuego	Tierra	Metal	Agua
Ciclos	principio	crecimiento	punto culminante	hundimiento	estancamiento
Estación	primavera	verano	final del verano	otoño	invierno
Momento del día	mañana	mediodía	principio tarde	tarde-noche	noche
Punto cardinal	este	sur	centro	oeste	norte
Clima	viento	calor	humedad	sequedad	frío
Órganos yang	hígado	corazón	bazo	pulmón	riñón
Órganos yin	vesícula biliar	Intestion grêle	estómago	intestino grueso	vejiga urinaria
Sentido	vista	palabra	gusto	olfato	oído
Sabor	ácido	amargo	dulce	fuerte/picante	salado
Humor	rabia	envidia/deseo	preocupación	triteza	miedo
Color	verde	rojo	amarillo/marrón	blanco	azul/negro

Ejercicio n° 14: ejercicio de armonización de los cinco elementos

La ventaja que tiene este ejercicio para los principiantes es que las cinco partes que lo componen se suceden formando una continuidad y por tanto es posible realizarlo varias veces seguidas sin interrupción. Esta secuencia permite tomar conciencia de la continuidad de los movimientos, mejor que si se practicaran los ejercicios por separado. La mayor parte del tiempo yo empiezo por el ejercicio de armonización desde las primeras prácticas de los cursos de principiantes. Los participantes pueden –en parte gracias al círculo que forman y a la música meditativa de fondo- realizar importantes descubrimientos básicos en lo que se refiere a la meditación en movimiento.

A continuación describiremos la secuencia de movimientos así como el papel de la respiración en las cinco fases.

EL ELEMENTO AGUA

Colóquese en la posición inicial del tai chi, los pies paralelos separados a la misma distancia del ancho de los hombros. Las rodillas están flexionadas, la pelvis ligeramente inclinada, el torso y la cabeza erguidos, los hombros relajados, los brazos cuelgan a ambos lados del cuerpo. Respire lenta y profundamente por el abdomen y dirija la mirada al frente. La inspiración y la exhalación son respectivamente representadas por los signos ✪ y ✿ en la serie de ejercicios siguientes:

Foto n° 40. El ejercicio del agua I.

Foto n° 42. El ejercicio del agua III.

Foto n° 41. El ejercicio del agua II.

Foto n° 43. El ejercicio del agua IV.

Foto n° 44. El ejercicio de la madera I.

Foto n° 45. El ejercicio de la madera II.

❉ Levante los brazos y déjelos en posición horizontal. Los codos están ligeramente doblados. Imagíneselos llevados por el agua, flotando en la superficie (*véanse* fotos n° 40 y 41).

❉ A continuación lleve los brazos hacia el pecho y bájelos. Las manos se deslizan tan ligeras como el agua. Doble primero la cabeza y después el torso; los brazos y las piernas siguen el movimiento. Llegará a la posición agachada. La planta de los pies permanece fija en el suelo.

Imagine también que los dedos, las manos, los brazos, la cabeza, etc. forman las incontables gotas de una cascada que cae al suelo en cámara lenta (*véanse* fotos n° 42 y 43).

EL ELEMENTO MADERA

❉ En un movimiento que recuerda la forma de una pala, gire las manos hacia el interior, como si quisiera extraer alguna cosa del agua. Levante las manos hasta la cara y contémplelas, mientras pasa suavemente de la posición agachada a la de pie. La fuerza ejercida para realizar lentamente este movimiento tiene que surgir de los muslos.

Los brazos siguen su movimiento de elevación hacia el cielo, pasando frente al rostro; siga las manos con la mirada (fase yang). Imagine que una planta (la madera), al principio todavía muy frágil, crece, sale del agua y se va haciendo cada vez más grande, hasta llegar a

Foto nº 46. El ejercicio de la madera III.

convertirse en un árbol, alto y fuerte que tiene justo delante de usted (*véanse* fotos nº 44 y 45).

✻ Este árbol tiene una gran copa, que usted dibuja con un movimiento de las manos en forma de arco, que parte de arriba, desciende por los lados y se detiene a la altura de los hombros. Ahora las muñecas deben volverse muy ligeras (fase yin); tiene que poder ver las manos con el rabillo del ojo (*véanse* fotos nº 46 y 47).

EL ELEMENTO FUEGO

✪ El peso del cuerpo estaba hasta ahora repartido equitativamente sobre las dos piernas; desplácelo sobre la pierna de-

Foto nº 47. El ejercicio de la madera IV.

Foto nº 48. El ejercicio del fuego I.

EJERCICIO DE ARMONIZACIÓN

Foto nº 49. El ejercicio del fuego II.

Foto nº 51. El ejercicio del fuego IV.

Foto nº 50. El ejercicio del fuego III.

Foto nº 52. El ejercicio del fuego V.

EL ELEMENTO TIERRA

recha, después gire la pelvis y el pie izquierdo (el que no sirve de apoyo) sobre el talón, 90° hacia la izquierda. Acerque simultáneamente las manos hacia el pecho, de forma que las palmas estén giradas hacia el exterior (*véase* foto n° 48).

❋ Mientras desplaza el peso del cuerpo de la pierna derecha a la izquierda, las manos realizan un movimiento de empuje hacia delante hasta que los brazos estén casi totalmente estirados. Hay que prestar atención para evitar inclinar el torso hacia delante o hacia atrás. Cuando se desplaza el peso de una pierna a la otra, la pelvis avanza y retrocede, pero siempre permanece paralela al mismo nivel. Al hacerlo mantenga la columna vertebral bien recta. No debe flexionar la rodilla que avanza más allá de la punta de los pies. Imagínese que está ofreciendo al mundo entero todo el amor que, igual que el fuego, inflama nuestro corazón (*véase* foto n° 49).

✿ Después reciba a su vez todo el amor del mundo. Para experimentar esta sensación, gire de nuevo la palma de las manos hacia el interior y llévelas hacia el pecho, como si estuviera sosteniendo un balón de gran tamaño. Haga pasar simultáneamente el peso del cuerpo de la pierna izquierda a la derecha y gire primero la pelvis y después el pie izquierdo para llevarlos al centro (*véase* foto n° 50). Repita el ejercicio empezando esta vez por la derecha. Vuelva a llevar el peso del cuerpo a la pierna izquierda y haga girar la pelvis hacia la derecha (*véase* foto n° 51).

❋ A continuación, traslade el peso del cuerpo de la pierna izquierda a la derecha, avance la pelvis y ejerza presión empujando con las manos hacia delante. Siga las manos con la mirada durante toda la realización del ejercicio (*véase* foto n° 52).

EL ELEMENTO TIERRA

✿ Para este ejercicio las palmas de las manos se dirigen en un primer tiempo hacia el exterior, mientras que el peso del cuerpo descansa sobre la pierna izquierda y la pelvis vuelve al centro. Al mismo tiempo las manos se separan y el brazo izquierdo describe una curva horizontal hacia la izquierda. El peso del cuerpo está de nuevo repartido entre ambas piernas (*véase* foto n° 53).
Los brazos empiezan a describir movimientos circulares a los lados, descienden y después las manos van hacia el centro, para juntarse sobre la parte inferior del vientre. La mano derecha se desliza bajo la izquierda y ambas, con las palmas hacia el cuerpo, suben hasta el diafragma (*véase* foto n° 54).

❋ Después de esta secuencia las manos se vuelven de nuevo hacia el exterior y se deslizan por los lados hasta la pelvis. La tensión desaparece totalmente de las muñecas. La mirada se dirige hacia delante durante todo el movimiento. Imagínese que recoge los frutos recolectados en todo el mundo para a continuación devolverlos a la tierra (*véanse* fotos n° 55 y 56).

Foto nº 53. El ejercicio de la tierra I.

Foto nº 55. El ejercicio de la tierra III.

Foto nº 54. El ejercicio de la tierra II.

Foto nº 56. El ejercicio de la tierra IV.

EL ELEMENTO METAL

✿ El torso gira 45° hacia la izquierda, pero esta vez la pelvis no se mueve y los pies están paralelos. Los brazos describen círculos hacia el cielo y los ojos siguen el movimiento efectuado por las manos, desde el momento en que se elevan por encima de la cabeza. El peso del cuerpo pasa progresivamente a la pierna izquierda, el pie derecho se levanta y descansa sólo sobre la punta. El torso se yergue hacia el cielo. Las manos se giran una hacia la otra como si sostuvieran un balón de tamaño medio por encima de la cabeza (*véanse* fotos n° 57 y 58).

Foto n° 57. El ejercicio del metal I.

✿ El peso del cuerpo está de nuevo repartido entre ambas piernas; vuelva a centrarse. Las manos están vueltas una hacia la otra y descienden por el pecho hasta llegar a la pelvis. Al hacer este movimiento, los codos y las rodillas se flexionan. Siga el movimiento de las manos hasta la altura de la cabeza, después mire al frente. Imagínese que baja las manos a lo largo de una columna metálica pulida y brillante (*véase* foto n° 59). Las manos se separan delante del vientre para colocarse a ambos lados de las caderas.

✿ Reproduzca el movimiento a la inversa, empezando por hacer girar el torso 45° hacia la derecha. Mientras eleva los brazos, la tensión aumenta hasta llegar al punto culminante del movimiento (paso del yin al yang, *véanse* fotos n° 60 y 61).

Foto n° 58. El ejercicio del metal II.

EJERCICIO DE ARMONIZACIÓN

Foto nº 59. El ejercicio del metal III.

Foto nº 61. El ejercicio del metal V.

Foto nº 60. El ejercicio del metal IV.

Foto nº 62. El ejercicio del metal VI.

Foto nº 63. El ejercicio del metal VII.

❋ Tras el estiramiento a la derecha, la tensión disminuye progresivamente y, a medida que los brazos bajan, empieza la relajación (paso del yang al yin, *véase* foto nº 62). Cuando las manos se hallan cerca de las caderas, puede volver a la posición inicial y encadenar directamente la secuencia con el ejercicio del elemento agua (*véase* foto nº 63).

Al principio de practicar el ejercicio de armonización, es totalmente recomendable trabajar a conciencia los elementos de la secuencia. A continuación, se puede integrar o abandonar la atención centrada en la respiración. Cada movimiento debe realizarse a un ritmo regular, relativamente lento. Con el tiempo y la práctica, la respiración se volverá más profunda y más lenta. El ejercicio de armonización se puede repetir de cinco a diez veces. Es importante acabarlo con el elemento tierra, es decir, después de haber cruzado las manos. El principio y el fin corresponden a las largas secuencias de estilo Yang.

El ejercicio de armonización empieza con el agua. Del agua nace la planta, que crece y se hace cada vez más hermosa. Con la madera podemos encender el fuego. La madera quemada por el fuego se convierte en tierra. Es así como un elemento nutre al otro.

Con el tiempo, la filosofía de los cinco elementos le será cada vez más accesible y familiar. Llegará a comprender los ciclos de mutación y a sentir los cambios constantes de yin y yang en su cuerpo. El ejercicio de armonización es muy conveniente para preparar las secuencias largas y complicadas del tai chi.

EJERCICIOS CON UN COMPAÑERO («EMPUJÓN DE MANOS»)

En China, los ejercicios reali-
zados con otras personas
reciben el nombre de «tui
shou», que en nuestra lengua
corresponde a la expresión
«empujón de manos». No se
trata tanto de una forma de
autodefensa como de una
danza ejecutada armonio-
samente por dos cuerpos.
Juntos, ambos compañeros
forman un círculo yin-yang.

Los ejercicios realizados con un compañero son un complemento importante para
las secuencias que ejecutamos solos. En
chino los llaman «tui shou», que significa
empujón de manos. No obstante, no es
extraño verlos descritos con la expresión
inglesa «push hands».

Destacamos de paso la idea de autodefensa contenida en el concepto de «empujón
de manos». No obstante, en los ejercicios
prácticos se puede observar que no se
trata de un deporte de combate sino de
meditación en movimiento. Podríamos
considerar el empujón de manos como un
tipo de danza elegante que se realiza entre
dos. En este ejercicio las fuerzas a la vez
opuestas y complementarias entran en acción. Es importante estar alerta, porque
uno de los compañeros puede fácilmente
desestabilizar al otro si éste no está lo sufi-
cientemente enraizado en el suelo o concentrado.

En este «empujón de manos» el cambio
entre las fuerzas yin y yang se va alternando
constantemente. El hecho de contraerse o
distenderse, de avanzar o retroceder, de
estar «lleno» o «vacío», de inspirar o de exhalar, no se sucede solamente en ciclos regulares en un nivel individual, sino que también interviene en el caso de los dos
compañeros que forman un todo armonio-
so. Cuando uno de ellos es totalmente
yang, el otro es totalmente yin.

Si uno pasa del yang al yin, el otro pasa del
yin al yang. Cuando uno inspira, el otro exhala. Cuando uno avanza, el otro retrocede. Juntos, ambos compañeros forman un
círculo yin-yang.

En estos ejercicios los movimientos son
continuos, circulares, lentos y regulares.
Existen numerosas variaciones para este
tipo de ejercicio con otra persona:

🖐 Empujones con una o ambas manos.

🖐 Alternar manos y pies.

🖐 Empujones de manos unidos a secuencias de pasos variados.

🖐 Ofensiva dirigida contra el pecho, la cabeza y el vientre y defensa efectuada al
mismo nivel.

Otras secuencias, compuestas de elementos de ataque y de defensa, que se realizan
de una forma bastante libre se conocen
con los nombres de «ta lu» y «san shou».
A continuación, le presentamos una secuencia básica del empujón de manos, así
como un ejercicio preparatorio, fácil de
aprender para cualquier principiante.

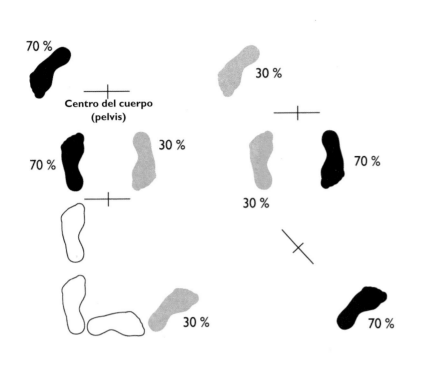

**a) Ejercicio n° 15:
sin rotación de pelvis**

**b) Ejercicio n° 16:
con rotación de pelvis**

*Dibujo n° 64.
Posición de los pies durante el
ejercicio de empujón de manos.*

Ejercicio n° 15:
empujón de manos simple,
hacia delante y hacia atrás

Los compañeros A y B se ponen cara a cara en una posición de «protección». La pierna izquierda avanza en dirección al otro. Ambos pies izquierdos están pues paralelos y separados unos 30 cm. Sus partes interiores están vueltas una hacia la otra. La pierna derecha se estira lo más posible hacia atrás, es el único elemento que cambia con respecto a la posición inicial del tai chi (pies paralelos, separados la anchura de los hombros). El pie está girado 45° hacia el exterior para tener un buen apoyo (*véase* dibujo n° 64a). La pelvis y el tronco de ambas personas están de frente. Apoye las manos a la altura del pecho contra las del compañero, de manera que pueda avanzar o retroceder en caso de ataque.

Cuando el compañero desplace el peso sobre la pierna delantera (la izquierda), desplace el suyo hacia la pierna trasera (la derecha).

Después cambie los papeles y empuje al compañero. Cuando empuje los brazos estarán estirados casi por completo. Cuando es el compañero quien le empuja, están ligeramente doblados. El peso está repartido un 70% sobre la pierna delantera y un 30% sobre la pierna de atrás (*véanse* fotos n° 65 y 66).

El movimiento no parte del tronco, sino de la pelvis y de las piernas. Es gracias a los desplazamientos de peso de una pierna a otra que es posible avanzar y retroceder el tronco y la pelvis.

Preste atención para no inclinar el tronco hacia delante o hacia atrás. Es un fallo que cometen con frecuencia los principiantes. Debe mantener la cabeza bien erguida y

Foto nº 65. Empujón de manos simple hacia delante.

Foto nº 66. Empujón de manos simple hacia atrás.

mirar hacia delante, sin clavar la mirada en el compañero.

Practique unos momentos y después cambie de lado (el pie derecho está delante). A continuación concéntrese en la respiración. Inspire mientras retrocede, exhale mientras avanza. El compañero A exhala mientras el B inhala, y viceversa.

Respirando correctamente por el abdomen sus movimientos se harán automáticamente más lentos.

Libérese de todas las tensiones de brazos y hombros. No se trata de comparar su fuerza muscular con la del compañero, sino de realizar un movimiento a dos con suavidad. Cuando A, activo, avanza, B, pasivo, retrocede, y viceversa. Intente reducir cada vez más su fuerza muscular y de sentir la corriente energética en el tan tien.

Para desarrollar su sensibilidad hacia el conjunto del movimiento, separe las manos de las del compañero y manténgalas a una distancia de 5 a 10 cm. ¿Siente el calor que sale de las manos del otro? Cierre los ojos. Quizá así la sensación será más fuerte. Intente ahora mantener intuitivamente el mismo ritmo que el del compañero.

Este ejercicio de preparación puede parecer muy fácil. En cualquier caso, la práctica del «empujón de manos» le ayudará a desarrollar la sensibilidad y la atención necesarias.

Ejercicio n° 16: «empujón de manos» con una mano (la rueda de molino)

La posición inicial es la misma que para el ejercicio precedente. Aquí también se aplica el principio del cambio permanente para efectuar los movimientos hacia delante o hacia atrás. Es preferible en un primer momento trabajar los elementos nuevos por separado.

Coloque el pie izquierdo delante y el derecho atrás.

Ahora retroceda efectuando una rotación de la pelvis de 45° hacia la derecha, es decir, hacia el pie que está colocado detrás (*véase* dibujo 64b). Vuelva a llevar lentamente la pelvis hacia el centro y después desplace el peso sobre la pierna izquierda colocada delante. El movimiento efectuado por la rotación lateral de la pelvis es un masaje beneficioso para las articulaciones de la cadera y los órganos internos, y favorece el tránsito intestinal.

Mantenga el antebrazo derecho horizontal a unos 30 cm del pecho. La palma de la mano está girada hacia el exterior (posición de protección). Desplace el peso hacia atrás (*véase* foto n° 67).

Doble el codo de manera que el antebrazo se encuentre casi vertical y gire la palma de la mano hacia el interior. En esta postura ejerza una presión hacia delante, como si intentara empujar al adversario (*véase* foto n° 68). En cuanto a la mano izquierda, está situada cerca de la cadera, como si estuviera posada encima. El codo está ligeramente doblado.

Después de este ejercicio preparatorio individual puede ponerse frente al compañero y realizar el movimiento con él.

Avance ejerciendo una presión contra la muñeca del compañero. Éste retrocede y gira el tronco y el brazo hacia un lado, de manera que la energía ofensiva que usted le envía queda desviada y pasa delante de él sin llegar a alcanzarle (*véanse* fotos n° 69 y 70).

Procure no avanzar demasiado. La rodilla no debe rebasar la punta de los dedos del pie, o correrá el riesgo de perder el equilibrio. Pase a la fase inversa. Las manos cambian de posición. Ahora es el compañero quien ejerce una presión contra su muñeca (*véanse* fotos n° 71 y 72).

Contrariamente al ejercicio anterior, las manos no efectúan más movimientos de avance y retroceso. Utilizan la rotación del compañero para moverse de forma circular. El impulso del movimiento del brazo procede de la pelvis, que gira como la rueda de un molino y flexibiliza las articulaciones de las caderas. Al cabo de unos instantes cambie de lado. Ahora su pie derecho está delante y el empujón se hace con la mano izquierda.

Foto n° 67. Posición de protección.

Foto n° 68. Rotación de la mano hacia el interior.

61

Foto nº 69. Presión al compañero.

Foto nº 71. El compañero ejerce una presión.

Foto nº 70. El compañero desvía
la fuerza de su adversario.

Foto nº 72. Ambos dejan que la energía se disipe.

EJERCICIOS CON UN COMPAÑERO («EMPUJÓN DE MANOS»)

El empujón de manos está basado sobre uno de los dos principios fundamentales del tai chi: no se opone jamás resistencia a una fuerza ofensiva, sino que se la desvía con un movimiento circular.

Si su compañero ejerce una presión demasiado fuerte, corre el riesgo de perder el equilibrio porque usted desviará esa fuerza. Entonces es suficiente con apoyarse ligeramente contra su muñeca para que tropiece. Víctima de su propia fuerza, él avanzará y se encontrará sin defensa. Los chinos denominan a este principio del tai chi «vencer una tonelada con cinco onzas» (unos 100 gramos).

No tiene ninguna necesidad de realizar secuencias complicadas del empujón de manos. Estos ejercicios relativamente fáciles son suficientes para darle una idea de lo que son los ejercicios realizados con otra persona.

Puede concentrarse más en la autodefensa y en la meditación en movimiento. En el primer caso (autodefensa), pruebe a ejercer una presión (yang) contra el esternón del compañero. Éste no se defiende oponiendo una resistencia física, sino retrocediendo y desviando su fuerza a un lado (yin). Si el compañero no tiene el centro de gravedad situado a la altura de la pelvis, es decir en el centro del cuerpo, sino que lo ha subido al pecho y a los hombros, le resultará fácil hacerle perder el equilibrio. En caso de que la fuerza que usted ejerza hacia delante sea demasiado fuerte, es él quien podrá desequilibrarle a usted fácilmente.

Recuerde que en el tai chi no cuentan ni la fuerza muscular ni el impulso, sino la energía vital qi. Lo que es importante es saber combinar la firmeza con la suavidad o ser, como dicen los chinos, débil por fuera y fuerte por dentro.

En el segundo caso (la meditación en movimiento), cierre los ojos y hágalos girar en todas direcciones. Sienta como despierta su conciencia. Casi puede «escuchar» la energía de su compañero. Acuérdese de los consejos relativos a la respiración e intente que sus movimientos sean cada vez más lentos, más regulares, más circulares y más suaves. Por último no sienta el contacto con el compañero más que como un suave roce, como en el ejercicio nº 15, donde las manos no se tocaban.

Quizás experimente, con sus amigos de siempre o con nuevos compañeros, formas diferentes de tocarse y de realizar movimientos armónicos. Ayúdense unos a otros a descubrir y a desarrollar sus facetas yin-yang.

Experimente el empujón de manos como si se tratara de un juego; a través de él podrá mostrar a su compañero, sin intentar vencerle, dónde están sus puntos débiles, por ejemplo cuando no está concentrado.

Con el tiempo, descubrirá que los movimientos en común se vuelven cada vez más perfectos y armoniosos. Esto tendrá un efecto tranquilizador sobre su espíritu y le aportará serenidad. Además, los movimientos del ejercicio del empujón de manos son una excelente preparación para las secuencias largas y complicadas del tai chi.

Foto nº 73. Al realizar el empujón de manos desviamos la fuerza del adversario con movimientos circulares.

ÍNDICE